布莱切利庄园的密码破译者

[英]德莫特·图灵（Dermot Turing）——著
刘晨曦——译

THE CODEBREAKERS OF BLETCHLEY PARK

中国大百科全书出版社

图字：01-2022-3242

图书在版编目（CIP）数据

布莱切利庄园的密码破译者 / (英) 德莫特·图灵著；
刘晨曦译. — 北京：中国大百科全书出版社，2022.9
书名原文: The Codebreakers of Bletchley Park
ISBN 978-7-5202-1215-1

Ⅰ. ①布… Ⅱ. ①德… ②刘… Ⅲ. ①第二次世界大
战—研究 Ⅳ. ①K152

中国版本图书馆CIP数据核字（2022）第170775号

出 版 人　刘祚臣
策 划 人　曾　辉
责任编辑　王　廓　曹　来
责任印制　魏　婷
封面设计　末末美书
出版发行　中国大百科全书出版社
社　　址　北京阜成门北大街17号　邮政编码　100037
电　　话　010-88390969
网　　址　http://www.ecph.com.cn
印　　刷　北京君升印刷有限公司
开　　本　710毫米×1000毫米　1/16
印　　张　16
字　　数　206千字
印　　次　2022年9月第1版　2022年9月第1次印刷
书　　号　ISBN 978-7-5202-1215-1
定　　价　68.00元

目录

前 言

不到半世纪前，布莱切利庄园还应算是英国历史上最大的机密。丘吉尔对其组织成员的形容如今已广为人知：“就像是能下金蛋的鹅，但是从不咯咯大叫。”即便在战争结束后，大多数人重归平凡生活，仍需在余生为战时的工作内容保密，哪怕是对最亲近的家人和朋友。

战后继任布莱切利庄园的英国政府通信总部（Government Communications Headquarters，缩写为 GCHQ）十分担心，从破译恩尼格玛（Enigma）密码机和其他高层敌军电码中展露出的关于战时“至高（机密）”（Ultra）情报的线索过于明显，很难让警觉的第二次世界大战史学家错过。英国解码分析员在“一战”期间破解了德军密码已是众所周知的事，特别是 1917 年破解的“齐默尔曼电报”，在大洋两岸都是焦点，甚至某种程度上促进了美国的参战。

“国会联合委员会就珍珠港事件调查听证会”1945—1946 年的公开记录也充分显示，美军在袭击前就破译了日方外交情报，且白宫对此知情。所以英国政府通信总部实在难以理解，为何三十年来，没有任何史学家公开提出那个显而易见的问题：第二次世界大战中，德军密码有没有像在“一战”期间那样被破译。

牛津大学和剑桥大学的多数部门，以及许多其他高校都有历史学家或学术人员在布莱切利庄园工作过，对这一未被公开抛出的问题早已心知肚明了。当我1967年首次来到剑桥担任助理教师时，本书中人物很多都在历史学和相关领域工作，《布莱切利庄园的密码破译者》让他们的音容笑貌再度浮现。我在纽纳姆（Newnham）[1]的朋友和同事中，有三对夫妇是在布莱切利庄园相识并结婚的：哈里·欣斯利（Harry Hinsley）和希拉里·欣斯利（Hilary Hinsley），克里斯托弗（Christopher）与海伦·莫里斯（Helen Morris），还有帕特里克（Patrick）跟悉妮·威尔金森（Sydney Wilkinson）。

在20世纪70年代中期“至高（机密）”（Ultra）的秘密最终得到官方承认之前，他们在讲座和谈话中不仅从未提及布莱切利庄园，而且闭口不谈任何与通信情报（Sigint）、拦截和破译讯号或其他信息相关的例子。甚至“通信情报”一词本身就是禁忌。1970年，我在哈里·欣斯利的国际关系课提交了一篇关于第三共和国时期法国情报破译的论文，他点评时不得不使用这样的表述：“被克里斯托弗·安德鲁（Christopher Andrew）称为‘通信情报’的内容”。

而当我开始在剑桥执教情报史后，我曾提醒学生，“二战”时，不少他们的前辈在他们这个年纪已经在布莱切利庄园工作而不是念学位。哈里·欣斯利是在学习两年历史本科后就于20岁被招募的。后来与他一同编纂了首部布莱切利回忆录的艾伦·斯特里普（Alan Stripp）甚至更年轻，1942年被招为破译员时，他还是年仅18岁的三一学院古典学大一学生。

在英国情报史上，只有伊丽莎白一世加冕时，才曾有过如此年轻

1　剑桥大学纽纳姆学院。——译者注

的职员担当重任的情况。女王的情报总长，剑桥大学国王学院的校友弗朗西斯·沃尔辛厄姆（Francis Walsingham）爵士，于1585年招募了一批天资出众的剑桥学生，其中就包括21岁的克里斯托弗·马洛（Christopher Marlowe）。也许没有一个在布莱切利庄园破解了希特勒密码的人知道，沃尔辛厄姆的得力译员托马斯·菲利佩斯（Thomas Phelippes），面对西班牙无敌舰队破解了菲利普二世的密码（虽然有些历史学家应该知道他还破解过苏格兰女王玛丽一世的密文），而他可能同是三一学院毕业生。沃尔辛厄姆告诉菲利佩斯，他不会相信女王是何等感谢他的工作；菲利佩斯被授予了一笔皇家抚恤金。

性别史家总是不同程度地忽视情报史，而这是不对的。1922年，英国政府首次打破玻璃天花板，将斯特拉·里明顿（Stella Rimington）任命为军情五处（MI5）的总干事，这也是全球首个由女性领导的情报机构。早在“一战”开始前，军情五处那些未大学毕业的男性统治集团决定从牛津的两个女子学院，伦敦大学皇家霍洛威学院（Royal Holloway College）和切尔滕纳姆女子学院（Cheltenham Ladies' College）中招募文职人员，让军情五处成为首个政府机关，其少数女性成员在教育和家庭背景上双双超过了他们多数男性同事。

由布莱切利庄园的领导者阿拉斯泰尔·丹尼斯顿（Alastair Denniston）在1939年5月完成的名单里，共有73名学术人员（“教授类型的人”）适合布莱切利庄园的战时工作，其中仅含两名女性。密码破译还是被官方认定为一项男性任务，虽然女性工作者的数量迅速增长，到了1945年，布莱切利庄园75%的工作人员都是女性。正如德莫特·图灵（Dermot Turing）爵士指出的，女性解码员因此被冠以错误的头衔，诸如“文职人员”或者“翻译员”。有些人的天资得到了充分的利用，如艾莉森·费尔利（Alison Fairlie），很多其他女性“翻译员”则没有。米里亚姆·罗斯柴尔德（Mirriam Rothschild），日后的女爵司令勋章获得者、皇家学会会士，英国最为出色的科学家之一，似乎就没能得到与她出色能力匹配的机会。她的兄弟维克多·罗斯柴尔德（Victor Rothschild），也是一名后来的皇家学会会士，则在军情五处中得以担任更重要的角色。

与军情五处和秘密情报局（SIS，即军情六处，MI6）相似，苏联情报机构也渗透了布莱切利庄园——即剑桥五人组中的“第五人”约翰·凯恩克罗斯（John Cairncross）。不过他只在布莱切利庄园待了一年，而且也不是苏联情报处从英国获取通信情报信息的唯一来源。但苏联对布莱切利庄园最出色的解码员之一弗兰克·伯奇（Frank Birch）的渗透企图就要麻烦多了，伯奇是“一战”的退役解码员，在两战期间主要担任演员工作，“二战”爆发初期重返通信情报。直到战争结束，他一路升任政府通信总部的副主任，直到1946年重返舞台。

1940年，伯奇负责面试他的剑桥校友——1934年以来就担任苏联间谍的金·菲尔比（Kim Philby），后者来布莱切利庄园找工作。据菲尔比称，尽管他能说一口流利的德语，还是被伯奇拒绝了，因为“一个令人恼火的理由，即他不能提供令我满意的薪水”。菲尔比的说法难以令人信服。几乎没有为布莱切利庄园工作的人是冲着薪资来的。更有可能的是，伯奇不信任他。被布莱切利庄园拒绝后，菲尔比在剑桥同级生和同为苏联间谍的盖伊·伯吉斯（Guy Burgess）的帮助下，在秘密情报局找了份工作，并在接下来的十年里为苏联提供了大量的情报，以至莫斯科都感到应接不暇。如果伯奇当初接纳了他，这一幕想必也会在布莱切利庄园上演。

克里斯托弗·安德鲁（Christopher Andrew）

引　言

当布莱切利庄园在“二战”期间的故事和成就于20世纪70年代中期首次为大众所知晓时，出人意料地，没有太多关于缔造了这一切的密码破译者的讨论。弗雷德里克·温特博瑟姆（Frederick Winterbotham）的《至高机密》一书销量逾百万，却对艾伦·图灵（Alan Turing）只字未提。艾伦·图灵的首部传记，出版于1959年，则未曾提及布莱切利庄园。部分由于它尚是机密，但主要原因是传记的作者，艾伦·图灵的母亲（也是我的祖母）除了她自己的猜测外，对布莱切利庄园的职责以及儿子的工作一无所知。

渐渐地，在接下来的十五年左右时间里，一些故事的细节浮现出来。档案解密后被放入国家档案馆，于是人们可以了解那些布莱切利庄园情报发挥的影响。再之后，用于解码的技术取得突破性进展，第一代计算机的诞生引发了人们极大的好奇。但至此为止，没有一个故事是关于那些建设起布莱切利庄园的人们的。的确，在早些日子，揭晓细节仍然存在很多限制，而退休的破译员专注于写回忆录，记述那些一同工作的“科学怪人”们；再后来，等布莱切利庄园自身成了博物馆，幸存的退伍老兵们——主要是负责操作布莱切利庄园的机器和在外站工作的女孩和年轻女性——终于有机会讲述他们的故事。

这些故事具有相当的娱乐价值，而且能一尝布莱切利庄园的境况。“我们请求不要把昨天晚上 6 点的剩菜热一热就又端来作为早饭，但这个问题花了整整九个月才有所改善。”战争尾声时住在沃本修道院的一位女性工作人员回忆道。她当时在值夜班，回锅的早饭又成了当天的晚饭：“我们晚上 10 点下来，面对的是牛排和腰子布丁，里面大多是湿漉漉的面糊和肉汁，配上有一股下水道气味的黄色卷心菜。”很多年轻女孩被招募到位于伦敦北部伊斯科特和斯坦摩尔的大型外站，负责操作为布莱切利庄园破译恩尼格玛机服务的“炸弹”机。据斯坦摩尔的一位姑娘说：“战时的食物从来都不算丰富，质量也不好，但斯坦摩尔的食物似乎格外糟糕。尤其是有一种被称为‘臭香肠’的调制品，我在此前后从未闻到过那样的味道。”

所有这一切都与最早的时候大相径庭，布莱切利庄园最初是作为秘密情报局的阵地而建立的，据说其局长在布莱切利庄园的豪宅里安插了他最喜欢的萨沃伊烧烤店的厨师，以保证第一批密码破译者吃得饱饱的。这种转变为布莱切利庄园的故事提供了一条线索：它并不是历史上某一时刻发生的静止的事情；相反，它是一个演变的过程，从一个前机械化、学术性的密码破译途径，到一个现代化、自动化，需要工厂式管理才能发挥作用的电子系统。任何只言片语——虽然这对于个人记忆而言是无可避免的——都有可能错过这个转变。在布莱切利庄园工作的时候，周围会有建设者、管理层的变化，办公室的动荡和人事问题，甚至有时破译密码的业务以及破译密码者本身，都会从视野中消失。

因此，布莱切利庄园是一项具有多重面向的事业。当然，有不少“科学怪人”，个中翘楚当属艾伦·图灵，因为关于他的各种非常规行径的轶事最多。最棒的是我父亲（艾伦的兄弟）在 20 世纪 70 年代中期讲

20 世纪 30 年代，布莱切利庄园的大房子和花园。

述的一个故事。他写道：“在布莱切利庄园（也是艾伦被称为‘教授’的地方），他经常骑自行车上下班，在夏天，他会戴上民用防毒面具来抵御花粉症。这显然把路上的其他人吓得不轻，有的人开始在天空中搜寻敌机的影子，还有人为了安全起见，也会戴上防毒面具。”此外，还有情报人员、翻译和语言学家、管理人员和工程师、机器操作员，等等。布莱切利庄园有很多方面，就像在那里工作的不同人的角色一样多。

传统的说法是，破译密码是男人的事，用政府密码学校（Government Code and Cypher School, GC&CS）第一任校长阿拉斯泰尔·丹尼斯顿的名言说，那是些“教授型的男人”。丹尼斯顿负责战前资源建设中的招聘工作。虽然到 1945 年 1 月，布莱切利庄园 75% 的工作人员是女性，但女性担任的都是刻板的性别角色，如机器操作员、打字员和“下级”文员。也许整体而言确实如此，但大而化之必有疏漏。首先，“教授型的‘男人’”中有相当数量的女性，包括女教授，比如艾莉森·费尔利。这些教授并不都是最严格意义上的“密码破译者”——他们在布莱切利庄园扮演着众多角色，因为解密和评估是一项非同小可的工作，需要技巧、经验、想象力和对细节的关注——但这不应该排除他们被视为更广泛意义上的“密码破译者”。而像琼·克拉克（Joan Clarke，见第六章）这样确实在狭义上从事破译工作的女性，却不得不被归类为“翻译”或“办事人员”，因为行政部门系统的性别角色标签还没有跟上女性职业发展的现实。同样，把担任翻译、机器程序员、管理员或校验机操作员（测试恩尼格玛机器设置的逻辑有效性）的女性和男性斥之为“不是真正的密码破译者”是可笑的——因为这会假设唯一有效的密码破译方法是第一次世界大战中使用铅笔和方格纸的方法。所有这些在布莱切利庄园的人都应该受到表彰，因为是他们的努力创造了成功。

艾莉森·费尔利（1917—1993）

1942年，在牛津大学完成博士学位后加入布莱切利庄园，这本身就是件千钧一发的事情，因为1940年德国入侵法国时，费尔利正在巴黎研究法国诗人勒贡特·德·李勒（Leconte de Lisle），直到最后一刻才撤离，并卷入了全国范围内令人毛骨悚然的混乱。尽管在拥挤火车上被逮捕的风险很大，她还是一直在努力保护自己珍贵的笔记和不可替代的文件。研究李勒的工作让她能在布莱切利庄园站稳脚跟：解释他作品中的晦涩难懂的术语，使她具备了其他语言学家所不知道的知识，而费尔利的高效研究方法也很容易适应技术问题，如热导鱼雷或解密的海军信息中出现的定向装置等。她是一位教授型的女性。

离开布莱切利庄园后，她被任命为剑桥大学法语讲师，1972年，达到教授职位。她不是为了教语言而教，而是将文学批评带入现代语言的研究中，这在战后的大学语言教学中是一种创新。她的教学风格有时让学生感到害怕，他们对费尔利的探究性问题不知所措，不得不陷入长久的沉默，而她只是随着手中烟卷逐渐变长的灰烬，静静地等待学生的任何回应。尽管如此，费尔利还是深受学生和同事们的敬佩——也许仅除了那些被她讽刺的目标人物之外，也就是大学委员会那些枯燥无味、优柔寡断的人。

就算布莱切利庄园的多元化程度有些言过其实，但仍然值得称道的是，该组织不仅能以某种程度上非军事的风格广泛地招募各种人才，为军队本身提供重要的后备服务，而且还保留了非正式的工作方法。在最初的日子里，教授们和他们的方法占据了主导地位，因为政府密码学校在战争间歇期就是这样运作的。但是，当布莱切利庄园发展成为一个更专业、更商业化的运作时，那种富有想象力和不拘一格做法的风险开始浮现：因为必须要符合军方的要求，以正确的方式做事。在“登陆日”（D-Day）[1]之后不到一周，弗兰克·伯奇给他的所有副科级领导一份备忘录，斥责他们在日常办公程序上的松懈含糊、粗心大意、拖延和其他不当行为。伯奇在战争后期如此吹毛求疵，恰恰说明当布莱切利庄园适应新的管理方式时，其散漫和自发性并没有被压制。

事实上，这种精神现在在布莱切利庄园的继任组织——英国政府通信总部中占了上风：“我们的使命是保证英国的安全。我们将情报和技

1 诺曼底登陆战役发生在1944年6月6日，这次行动的日期被称为“D-Day”。——译者注

术结合起来，以应对日益复杂的威胁。政府通信总部的情报有助于保护我们的部队安全，防止恐怖主义和犯罪，以及网络袭击。这需要各种角色的人协助我们完成这些任务。有的人是语言学家，有的人是数学家。有些人负责密码学，有些人从事项目管理工作。”[1]这是20世纪40年代，从布莱切利庄园的密码破解者身上学到的教训。

弗兰克·伯奇（1889—1956）

弗兰克·伯奇是一个属于舞台的人。和很多人一样，他进入情报界完全是个意外，而且这个意外到来得是如此之早，以至于他在戏剧上的成就和秘密生活交织在一起。伯奇是一个银行家的儿子，在伊顿公学毕业后，按照当时的传统升入剑桥大学国王学院学习历史。在国王学院，他认识并结识了迪利·诺克斯（Dilly Knox），并发现了自己在写作和表演方面的天赋。伯奇在业余剧社（Amateur Dramatic Club）和马洛协会（Marlowe Society）[2]的40部戏剧中担任了演员或制片人。问题在于，他的两种职业是如何交织在一起的。

第一次世界大战爆发改变了世界。伯奇加入了英国皇家海军，在达达尼尔海峡等多个地方的桅杆前服役。同时，国王学院将他推选为院士（伯奇说，这只是因为他失踪了，人们都以为他已经亡故）。来自国王学院的这层关系，也使得伯奇在1916年被40号房间招为情报分析员。

---

1 “关于英国政府通信总部”，见 https://www.gchq-careers.co.uk/about-gchq.html。

2 两者均为剑桥大学的学生戏剧社团。——译者注回到剑桥后，伯奇恢复了历史讲师和戏剧人这两个相互冲突的角色。从1925年开始，他制作了20多部戏剧，参演了十余部，自己也写了几部。他以矮小、秃顶的造型，扮演经典的喜剧角色——在《爱丽丝梦游仙境》剧目中扮演三月兔和双胞胎，在经典默剧《阿拉丁》中扮演寡妇特兰吉。

“二战”爆发时，他被召回布莱切利庄园值班。他戏剧制作人的风格与由学者、服务人员和初级文职人员组成的团队并不总能很好地配合。事实上，他是一个复杂而多面的人物，在国王学院的讣告中，他被描述为“无可比拟的模仿者、热情洋溢的演讲者、慷慨而迷人的东道主”“普鲁士的效率”和“波西米亚式的美好生活爱好者”。

记述密码破译者的故事需要灵感的迸发和不断地探索。如果没有其他人的帮助和建议，也是不可能的。首先是那些塑造了这个项目的人，包括约翰·图灵（John Turing）、苏珊·斯沃韦尔（Susan Swalwell）和克莱尔·巴特菲尔德（Clare Butterfield）。

此外，本书参考和引用了许多长篇回忆录和密码破译者自己贡献的章节。找到帕特里克·威尔金森（Patrick Wilkinson）对他在布莱切利经历的长篇描述，将故事带入了三维空间，彼得·卡尔沃科雷西（Peter Calvocoressi）、戈登·韦尔什曼（Gordon Welchman）、吉米·瑟斯克（Jimmy Thirsk）、阿拉斯泰尔·丹尼斯顿和杰里·罗伯茨（Jerry Roberts）讲述的故事，以及F. H.欣斯利（Hinsley）和艾伦·斯特里普编辑的文集使本书大为增色。近年来，一些作家们借助当时在场者的口述证词和其他研究写作了关于布莱切利庄园的作品，特别是乔伊·格林伯格（Joel Greenberg）写作的关于韦尔什曼和丹尼斯顿的传记，以及迈克尔·史密斯（Michael Smith）、玛丽昂·希尔（Marion Hill）、拉尔夫·厄斯金（Ralph Erskine）和格温多林·佩奇（Gwendoline Page）出色而引人入胜的书籍——所有这些作品都有助于本书将密码破译者们活灵活现地展现出来。

在布莱切利庄园，盖·雷维尔（Guy Revell）从那里的档案收藏中提供了关于几位老兵的文件，大卫·凯尼恩（David Kenyon）博士的专业知识，以及他关于布莱切利庄园各方面未发表的学术著作，都一如既往的珍贵。牛津大学玛格丽特夫人厅、剑桥大学国王学院和吉尔顿学院的档案管理员慷慨解囊，挖掘出了以前从未发表过的资料，使人们对牛津和剑桥的布莱切利庄园密码破译者队伍有了新的认识。在这方面，应该特别提到卡伦·刘易斯（Karen Lewis），她对女性在布莱切利庄园扮演的角色的见解不仅令人惊艳，而且推动了本书写作方向的形成。我对上述所有人的感激是难以言表的。

第一章

老卫士

The Old Guard

布莱切利庄园并不始于布莱切利。1938年，为准备第二次世界大战，军情六处（MI6）收购了布莱切利地铁站附近的这座维多利亚式庭院。但战时解码要开始得更早：此前，还另有一场世界大战，正是在这场战争期间，布莱切利庄园解码工作的基础被奠定了。

温斯顿·丘吉尔（Winston Churchill）在记述第一次世界大战的《世界危机》一书中，有这样惊心动魄的描写："1914年九月初，德国的轻巡洋舰'马格德堡号'在波罗的海搁浅。数小时后，一名溺亡的德国下级军官的遗体被俄国人发现，而他僵硬双臂紧紧护在胸前的，正是德国海军的信号密码本……"

真相要更平淡无奇些。当俄军进攻"马格德堡号"时，德方显然没能成功自沉船体并销毁机密文件，于是俄国人轻松地在海图室里找到了密码本。不过丘吉尔故事的主旨没错：俄国人随后与英国人分享了这一收获，而正是有了密码本的帮助，才得以解读出德国海军司令部向舰船下达的指示。

其中的关键在于，20世纪的战时传讯，已不再是挥舞旗帜或奋笔疾书，无线电是通信媒介的新秀。它可以满足超远距离的通信，其即时性也能让指挥官第一时间了解前线状况。尤其是对海军而言，无线电彻底革新了指挥和控制的方法。唯一的问题在于，无线电发射信号是广播的，任何人都可以听到。因此，编码和加密已司空见惯，破译密码的重要性也不言而喻了。

40号房间

英国皇家海军敏锐地察觉到设立无线电监听和破译机构的重要性：盗取的密码本虽然有效，却不是了解敌方最新情报的可靠途径。的确，德国人在“马格德堡号”事件后竟未更改密码，实在令人大跌眼镜。战争爆发之初，英国皇家海军只有一个无线电截收站，但邮政机构和个人都在监听广播中无处不在的摩斯电码，并把所得发给海军部。必须要有所行动了——海军少将、海军情报处长亨利·奥利弗（Henry Oliver，后封亨利爵士）会见了著名物理学教授、时任海军教育处主任的阿尔弗雷德·尤因（Alfred Ewing，后封阿尔弗雷德爵士），他们按真正的皇家海军风范，在午餐桌上解决了这件事。在奥利弗看来，战争期间恐怕不会有太多的教育工作，让尤因去负责破译加密的无线电文可能更加合适。

尤因很快意识到，他需要组建一个部门，于是从海军成员中召集了人手。其中最重要的是阿拉斯泰尔·丹尼斯顿（见第五章），他当时在怀特岛郡的奥斯本教军校学生德语。新员工们还需要一个工作地点，于是海军旧大楼的40号房间被分配给了尤因。新大楼有着相当华丽的拱门，横跨林荫大道。如今人们看到拱门楼的房间时，总是无不怀念地想起丘吉尔担任第一任海军大臣的时期，尽管他的官邸就在不远处的原海军部大楼。

日德兰

40号房间很快掌握了德国海军的动向：虽然鲜有获取完整的情报，但至少能很好地了解德国公海舰队是否有所行动。随后这些信息便能被传递给斯卡帕湾的英国大舰队指挥官——海军元帅约翰·杰利科（John Jellicoe）爵士，大舰队就可以给德军设下圈套，重现纳尔逊百年前的辉煌胜利。

1916年5月31日开始的日德兰海战，就是一个典型的例子。德国

位于白厅的海军部旧楼，在第一次世界大战中，40 号房间的破译员在这里解码了德国海军和外交密电。

发出的一连串密电表明他们的舰队处于高度备战状态，杰利科收到警告称，德国人很可能在 5 月 31 日凌晨出海。他奉命在阿伯丁以东的位置待命，而贝蒂（Beatty）元帅则率领战列巡洋舰队从罗赛斯出发。40 号房间布下了陷阱，现在是大舰队收网的时候了。

不幸的是，将原始数据转化为有效情报的工作还不成熟，问题开始

暴露出来。

海军作战部主任托马斯·杰克逊（Thomas Jackson）上尉5月31日中午前来到40号房间，询问“呼号DK”的位置。他想知道的，其实是海军上将舍尔（Scheer）所率领的德国舰队的位置，而这是它一般被称呼的方式，但在重大行动的前夕，往往会改用其他的呼号。现呼号为

“DK”的舰队还停留在德国舰队的母港威尔海姆港——但40号房间的工作人员没敢质疑脾气暴躁的杰克逊为什么要这么问。杰克逊立即告诉杰利科，舍尔尚未出海，这耽误了杰利科的部署时间，给德国人带来了不必要的优势，也给40号房间带来了巨大的困扰，因为他们的成果被误用了。

更糟的还在后头。舍尔上将正率领的德国战列巡洋舰中队，与英国舰队狭路相逢。不过，舍尔认识到自己寡不敌众，谨慎地决定掉头回国。杰利科还是有可能抓到猎物的——如果他能看清事情进展的话。在北海广阔的海域上，40号房间是他的眼睛和耳朵；他们其实在5月31日的整个晚上都得到了很好的视野，只是由于延误和失误，只有部分画面传到了杰利科那里。他后来抱怨说，得到的消息零零碎碎，太少，也太晚，后果就是舍尔逃脱了他的钳制。但40号房间的工作还是值得骄傲的。

“闪光灯”霍尔

日德兰战役后不久，阿尔弗雷德·尤因爵士就受邀去担任爱丁堡大学校长了。对他来说，转任也在情理之中，因为想将40号房间的产品顺利注入海军情报的血管，显然需要一种新方法。事实上，在尤因任职期间，40号房间的真正负责人是赫伯特·霍普（Herbert Hope）中校，是他在密码破译者和海军高层之间进行联络，把情报转换成海军人士能理解的内容。不过到了1917年，霍普也被提升为舰长，并得到了一艘船，所以40号房间开始由雷金纳德·霍尔（Reginald Hall）上尉（后来成为海军上将爵士）负责。

霍尔是为这个行业而生的：他的父亲是第一任海军情报局局长。但

海军上将雷金纳德·霍尔爵士，40 号房间的领导人。

霍尔的血管里流淌着海水，对于一个想要大展身手的年轻军人来说，情报工作并不是最理想的职业。于是，他就成了一名海军军官。霍尔升迁得很快，35岁时就被任命为舰长，这说明霍尔注定会大有作为。他的“玛丽皇后”号战列巡洋舰属于1914年8月被派往黑尔戈兰湾与德国人交战的中队。三艘德国巡洋舰和一艘驱逐舰被击沉，而英国军舰无一损失——这是英国皇家海军在第一次世界大战中取得显著胜利的罕见例子。然而，这场本该视为一番海上辉煌事业奠基的成功，只证明了霍尔的身体状况难当重任，他的肺疾因斯卡帕湾的寒冷和潮湿而更为严重，所以当1914年秋天，海军情报局局长的职位空缺时，霍尔接受了这份工作。与大多数传统的海军人员不同，他并没有把情报工作看成是背水一战，而是将它视作一个出人头地的机会。

雷金纳德·霍尔爵士（1870—1943）

霍尔的成就中最著名的是“齐默尔曼电报”事件，这得益于他不认为情报只局限于“海军”。他在40号房间的基础上增设了“45号房间”，用于破解外交密文。霍尔还与军情一处b科［MI1(b)］建立了联系，确保他手下的人员能避免重复工作，分享共同感兴趣的材料。

除了密码破译，霍尔的情报网还把他卷入了经典间谍小说中会出现的阴谋和假情报计划。他制定了一些欺骗方案，将虚假的情报提供给德国（在清楚德国人已经破译了英国密码的前提下，利用被破译的英国密文），诱使U型潜艇被摧毁；还通过制定一个约翰·巴肯（John Buchan）风格的阴谋，抓捕了正在美国船只上安装炸弹的德国海军破坏分子冯·林特伦（Captain von Rintelen）上尉（自诩为“黑暗入侵者”）。据说霍尔还遇到过知名的间谍和交际花玛塔·哈丽（Mata Hari），后者被他形容为一个“没有吸引力的胖老太婆”。“一战”后，霍尔离开海军部，成为保守党议员，并参与组织反对1926年总罢工的行动。

霍尔是个身材矮小的男人，有一双敏锐的蓝眼睛，作为一名高级海军军官，他从不说废话，却可以激发手下的忠诚和热情。他也能有火山爆发般的脾气，但爆发的时间很短，能被人很快原谅。直到最后的日子里，他都很有幽默感：霍尔生命的最后一段时间是在克拉里奇酒店度过的，那里所有的工作人员都穿黑西装和白衬衫，打黑色领带。据说当一名水管工来修理小故障时，霍尔说：“朋友，如果你是殡仪馆的人，那就来得太早了。”

在尤因去爱丁堡的时候，已经有威廉·詹姆斯上尉（Captain William James）在40号房间接手尤因和霍普工作了。霍尔的绰号是“闪光灯”，因为他经常眨眼；詹姆斯的绰号是“泡泡”，因为他小时候曾为约翰·米莱斯爵士（Sir John Millais）的画当过模特，而这幅名为“泡泡”的画成了皮尔斯肥皂的著名广告。不过从记录上看，无论那些破译密码的人有多么桀骜不驯，都不太可能真的敢用这些绰号。

从尤因那里继承下来的人手相当捉襟见肘。在40号房间成立初期，有一本专门的笔记本，用于记录解码内容，然后副本会被发送给重要的人，如海军情报局局长。但用未知密码写成或无法处理的信息会被塞进一个标有“NSL”的罐子里，它代表着“未发送，已记录”（not sent in, logged）。阿拉斯泰尔·丹尼斯顿写道：“事实上，‘NSL’只意味着‘既没有发送，也没有记录’。”NSL的罐子已经要溢出来了，必须得采取行动。

霍尔也认识到需要增加员工数量。一场招聘活动开始了：出现了许多崭新的、年轻的、来自学术界的面孔。1915 年 12 月，这里只有 9 名文员，到第二年 12 月，已经发展到“1 名机密作家”、15 名男文员和“创新的一步——20 名女文员”。“40 号房间”也需要更多的房间。它现在正式被称为“25 号情报部”（ID25），清楚地展示出它在霍尔的等级体系中的地位，另外几间办公室也被接管。虽然门上标有“禁止入内，请按铃”的字样，但实际上没有一扇装了门铃。秘密情报的这种矛盾性有一种《爱丽丝梦游仙境》的色彩，这在它的雇员身上也并不陌生，他们中的一些人简直是直接从刘易斯·卡罗尔（Lewis Carroll）的书页中走出来的。

1918 年左右，阿拉斯泰尔·丹尼斯顿穿着海军制服。他后来成为了政府密码学校的负责人。

剑桥国王学院是一片招聘人才的沃土，霍尔从中选择了弗兰克·阿德科克（Frank Adcock）、弗兰克·伯奇和迪利·诺克斯。诺克斯无疑是最好的新兵之一。他在剑桥的研究对象是一位不那么著名的希腊诗人赫罗达斯，他曾以一种奇异的后现代风格写下了被称为“哑剧”的咒骂性诗句。诺克斯的工作是从赫罗达斯残存的微小纸莎草纸碎片中还原他的作品，而赫罗达斯的写作风格只会令这难上加难。而这正是对从截获的外国电文的只言片语中还原密码本的完美训练。诺克斯在 1916 年加入了 40 号房间团队，并被派去研究德国海军将官的密码，其中包括代表单词或部分单词的密码组。

弗兰克·阿德科克（1886—1968）

当弗兰克·阿德科克于 1905 年来到剑桥大学国王学院时，他可能看起来不太适合这里。学院中有很多伊顿出身的学生，对他们来说，这个生在莱斯特郡并带有口音的“北方人”是来错地方了。但阿德科克相当出色，毕业时被鼓励去跟随他所在领域的顶尖学者，柏林的古典语言学家乌尔里希·冯·维拉莫维茨-莫伦多尔夫（Ulrich von Wilamowitz-Moellendorff）教授。

经历第一次世界大战期间在 40 号房间的服役后，阿德科克回到了学术界。他的专业是古代史；然而，在他的房间里留有一张霍尔上将的照片，阿德科克并没有忘记 40 号房间。他在学院结交朋友的天赋和他观察人的敏锐洞察力，使他成为学院奖学金选举的重要评委，同时也是布莱切利庄园招募工作的评委。他在 1954 年被授予骑士勋章——由于他在剑桥古代史方面的工作，虽然这可能不是他对国家最大的贡献。

阿德科克可能不知道的是，他以前的老师冯·维拉莫维茨－莫伦多尔夫有一个名叫格奥尔格的侄子，他在第二次世界大战中担任 U 型潜艇的艇长。U-459 是一艘德国 XIV 型补给潜艇，1943 年 7 月 24 日，在比斯开湾经受了英国飞机的无情攻击。U-459 的沉没是对 U 型补给艇群协同进攻的一部分，德国海军需要这些补给艇来维持 U 型潜艇舰队的远距离作战。这场进攻之所以获得成功，部分原因是英军能通过被破解的恩尼格玛机电文得知它们的会合地点。而恩尼格玛机的破译则得益于阿德科克在布莱切利庄园的新兵，一个名叫艾伦·图灵的数学家所研发的技术。

诺克斯不仅认识到其中一些密码组包含着常见的德语词尾“-en”，而且注意到，有一个相当不寻常的信息：似乎有很多以音节模式排列的“-en”词组。诺克斯知道，遵循音节模式意味着这是诗歌，而此处则是一种被称为扬抑抑格（dactyls）的格律模式。于是他去了德语教授们待的地方，果然，它被辨认出是所有好学生都耳熟能详的，弗里德里希·冯·席勒的名句——“Ehret die Frauen: sie flechten und weben/ himmliche Rosen im redliche Leben”。这句话的大意是：“尊崇女性吧：是她们将天国的玫瑰 / 编织进真诚的生活。”（德语原文要更为优美）通过填空，诺克斯领导的 40 号房间教授们解开了密码本中相当一部分用于指挥 U 艇袭击英国商船的密文。

但仅仅破译密码是不够的，还需要能翻译并解释密文含义的人。能力不同，任务也不同。W. F. 克拉克，一个想在战争爆发之初加入海军的出庭律师，最后来到了 40 号房间，因为他会说德语，而霍尔不知如何发现了这一点。克拉克将四个人列为“密码专家”，他说“诺克斯是迄今为止最出色的，其他人则各有分工，伯奇作为一个训练有素的历史学家，负责收集和整理信息，我来处理情报”。其他三位密码专家是阿德科克、奈杰尔·德·格雷（Nigel de Grey）和利顿勋爵（Lord Lytton），利顿勋爵的妹妹是一位妇女参政权论者，而他本人后来担任印度总督。

（“贵族老爷”）W. F. 克拉克（1883—1961）

如果你的名字是克拉克（和“文员”近似），那么在20世纪上半叶，你一定会被冠以“贵族老爷”（Nobby）的绰号，因为19世纪的文员总要穿着打扮得像个大人物。鉴于克拉克在第一次世界大战前是一名职业律师，十有八九本来就像个贵族人士，更是不得不容忍这个绰号。

战争爆发时，他想加入海军，但视力水平未能达标。在当了一段时间的海军发薪员后，他被调拨到40号房间工作。当时他对密码破译还完全不了解，而这一待就是30年。

第一次世界大战结束后，他与弗兰克·伯奇合著了40号房间的历史，然后代表海军部担任了审查员的角色，从海军军官的回忆录中剔除对通信情报的不当提及，并对40号房间的前主任阿尔弗雷德·尤因发出了斥责。随着政府密码学校（Government Code and Cipher School，GC&CS）的成立，他于1924年成为海军科的负责人，这是该科第一个以军事服务为导向的部门。

他试图帮助政府密码学校为第二次世界大战做准备，有力地打击了海军部的主流观点，即引进密码机器会淘汰人工密码破译。事实证明他是对的，只不过在实际情况中，他自己的技能却被用于密码分析的机器所超越。伯奇在1940年接任了海军科科长，在他任职的最后几年，克拉克发现给他的同事们写讽刺小品，不管是现在的还是过去的同事，都比破译现代密码的难题更有乐趣。

霍尔用了一年左右的时间来融入海军情报局局长的角色。到 1917 年，他已经彻底掌控一个他眼中能提供全方位服务的情报局，不只是局限于海军事务或密码破译。破译密码当然是其中的一部分，因为所有通过无线网络传播的东西都落入了 40 号房间的手中，不过间谍活动、欺诈以及可能的跨国诡计都是霍尔日常生活的一部分。

作为一名高级海军军官，霍尔本人不是什么省油的灯。但偶尔，他也会遇到对手。有一次，第一海务大臣温斯顿 · 丘吉尔深夜派人找到霍尔，讨论他的某个新计划。丘吉尔很有主见，也很爱争论，他把自己辩论的浑身解数都使在霍尔身上，而后者虽然疲于应付，却没有屈服。“我清楚地记得，当时有一种奇怪的感觉，就是尽管这完全违背我自己的意愿，我也将很快同意他所说的一切。但是，我心里有一小部分选择了反抗……我开始对自己小声说：‘我是霍尔，我是霍尔。’”丘吉尔问霍尔在嘀咕什么。“我回答道，‘我在说我叫霍尔，因为如果再听你说下去，我就会以为自己叫布朗’。”丘吉尔意识到霍尔是不会同意他的计划的，这件事就被搁置起来，而霍尔被允许回家睡觉了。

奈杰尔 · 德 · 格雷（1886—1951）

与 20 世纪早期的许多密码破译者一样，奈杰尔 · 德 · 格雷在伊顿公学接受教育，但与他们中的大多数人不同，他没有上大学。他曾试图加入外交使团，但由于没有被录取，他于

1907 年开始为出版商海涅曼工作。德·格雷文笔很好，清晰而轻巧的文风使他相当适合这个岗位。第一次世界大战开始后，他加入了皇家海军气球队的航空中队，负责侦察敌情，还登上过新闻报道。

1915 年，他从前线被挑选出来加入 40 号房间，迅速成为那一代人中最重要的密码破译员之一。他在猜测密码组的含义方面有一种不可思议的技巧，能够举一反三，看出密码的模式和可能的推断，从而复原出敌人整本密码书的内容。齐默尔曼电报是德·格雷作为密码破译员的巅峰之作，但这只是他诸多成果中的一个。他沉默寡言，身材瘦小，为人谦和，但却具有强烈的智慧和存在感，这让《爱丽丝梦游仙境》中分给他的“睡鼠”绰号成了一种反语。

第一次世界大战后，德·格雷回到了出版业，这次是作为美第奇协会的主任。该协会位于科克街，正巧与军情一处 b 科的战时住所是同一条街。协会经营一家美术画廊并出版版画，偶尔也发行其他关于艺术事务的出版物。这非常适合德·格雷：他不仅是个作家，还是演员和画家。艺术天分来自家族遗传，他的小儿子罗杰是一位著名的风景画家，并成为皇家学院的院长，获得了骑士称号。

“二战”开始后，德·格雷与其他 40 号房间的老兵一起被召回，他被分配到处理意大利海军的密码工作。然而，德·格雷在布莱切利庄园主要扮演一个管理角色。他在行政管理和前线破译之间架起了一座桥梁，以副主任的身份度过了周期性困扰布莱切利庄园的各种行政风暴。德·格雷被一位密码破译员描述为“天皇”，他更深的资历和冷静的人格，就能“震慑”年轻员工。战后，他继续留在政府通信总部，并写了一本相当有价值的多卷本历史著作《盟军信号情报政策和组织》(*Allied Signals Intelligence Policy and Organization*),以其严谨和清晰的风格解释了大量早期的恩尼格玛机工作、英国和它的盟国之间的关系,以及布莱切利庄园的故事是如何开始的。

齐默尔曼电报

霍尔还想扩大40号房间能力的范围和容量。除了德国公海舰队的偶尔出击之外,40号房间分析的材料数量如此之大的原因是,该部门已经承担了监测所有无线信号通信的工作,无论来源如何。在不忽视海军信号的情况下,40号房间是作为一个从1917年开始处理外交通信的完整部门运作的。

1917年初,德国决定加强潜艇战争,包括对美国船只的攻击。尽管美国总统威尔逊采取了中立政策,但这一决定对德国来说也会带来真正的危险,即迫使美国加入到盟国一方。1916年底,阿瑟·齐默尔曼进入德国政府担任外交部部长,他认为自己找出了解决这个难题的办法:让墨西哥加入德国的阵营,从而在大西洋的另一边约束住美国人。齐默尔曼开始着手准备一份电报。

他没有料到霍尔、诺克斯和格雷的存在。诺克斯和格雷此时已经开始一项艰巨的任务,试图破解一个大概在齐默尔曼上任时引入的、柏林向华盛顿发送密电所使用的新型外交密码。这条通信路线在几个方面都很倒霉:其一,威尔逊总统保持了这条路线的开放,以展示和平的姿态。如果这意味着允许柏林通过国务院向德国大使馆发送加密信息,也是合乎情理的。其二,英国人在战争开始时切断了许多跨大西洋的电缆,并且现在至少控制了柏林—华盛顿联系的剩余渠道中的一条。那恰好是位于康沃尔郡波思库诺的一个无线电中继站，霍尔上将在那里复制了所有通过的信息。这也许是件不太光彩的事，因为前往华盛顿的外交往来应该是对盟友保密的。但是，一旦诺克斯和格雷辨别出这些是德国人之间的信息以及其意图，他们就意识到手中掌握的是可能改变整个战争进程的东西。

这花了一番功夫，但德·格雷提交给霍尔的部分解码意味着齐默尔曼在向墨西哥提供一个交易：入侵美国，而德国将确保亚利桑那、新墨西哥和德克萨斯等州的主权在战后的和平解决中归还给墨西哥。这是份爆炸性的电文，但作为被破译的密码，它没什么说服力，而且也没办法在不暴露英国窃听行为的情况下向美国人展示它。

霍尔想出了一个计划：这个信息已从德国驻华盛顿大使馆转发到墨西哥的大使馆，在墨西哥，德国人还没有使用诺克斯和德·格雷一直在研究的新密码，而是一个 40 号房间更容易破解的旧密码。通过部署一些诡计，霍尔“搞到”了一份发往墨西哥的电报副本——这不仅作为可以通读的全文证实了英国人的怀疑，而且这个版本也不会揭露英国在波思库诺的窃听有任何不妥之处。因此，在 40 号房间最初破译齐默尔曼电报的一个月内，英国外交大臣阿瑟·贝尔福（Arthur Balfour）向美国大使提交了一份格雷破译的墨西哥信息的完整副本。美国人自己得出了结论。到这个阶段，无限制的潜艇战争已经开始，美国和德国也断绝了外交关系，而事实证明，德国正试图在美国和墨西哥之间煽动一场新的战争。更糟糕的或者说最糟糕的，是试图厚颜无耻地利用和平渠道损害美国的利益。故事的后续以时间表显示：

1917 年 1 月 31 日：德国发动了无限制的潜艇战。

1917 年 2 月 3 日：美国与德国断绝外交关系。

1917 年 2 月 23 日：贝尔福将齐默尔曼电报交给美国大使。

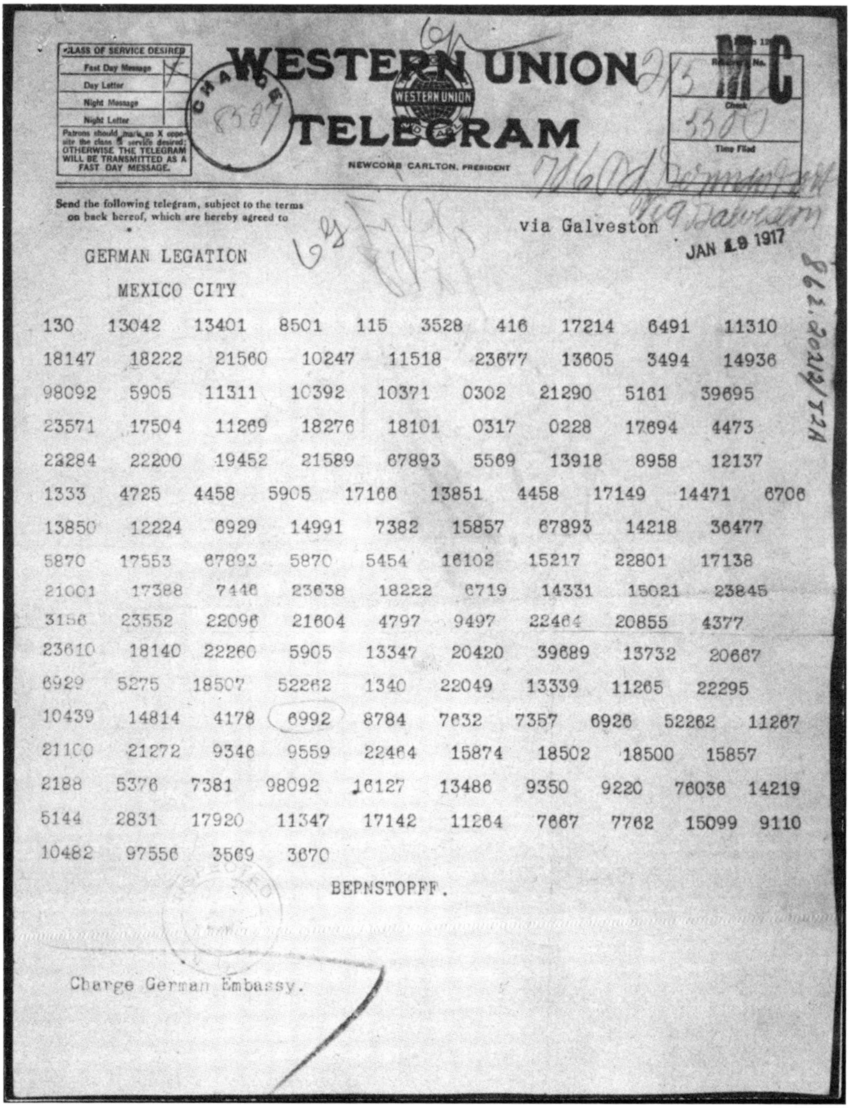

WESTERN UNION TELEGRAM

NEWCOMB CARLTON, PRESIDENT

CLASS OF SERVICE DESIRED
Fast Day Message
Day Letter
Night Message
Night Letter
Patrons should mark an X opposite the class of service desired; OTHERWISE THE TELEGRAM WILL BE TRANSMITTED AS A FAST DAY MESSAGE.

Send the following telegram, subject to the terms on back hereof, which are hereby agreed to

via Galveston

JAN 19 1917

GERMAN LEGATION

MEXICO CITY

130 13042 13401 8501 115 3528 416 17214 6491 11310
18147 18222 21560 10247 11518 23677 13605 3494 14936
98092 5905 11311 10392 10371 0302 21290 5161 39695
23571 17504 11269 18276 18101 0317 0228 17694 4473
22284 22200 19452 21589 67893 5569 13918 8958 12137
1333 4725 4458 5905 17166 13851 4458 17149 14471 6706
13850 12224 6929 14991 7382 15857 67893 14218 36477
5870 17553 67893 5870 5454 16102 15217 22801 17138
21001 17388 7446 23638 18222 6719 14331 15021 23845
3156 23552 22096 21604 4797 9497 22464 20855 4377
23610 18140 22260 5905 13347 20420 39689 13732 20667
6929 5275 18507 52262 1340 22049 13339 11265 22295
10439 14814 4178 6992 8784 7632 7357 6926 52262 11267
21100 21272 9346 9559 22464 15874 18502 18500 15857
2188 5376 7381 98092 16127 13486 9350 9220 76036 14219
5144 2831 17920 11347 17142 11264 7667 7762 15099 9110
10482 97556 3569 3670

BERNSTORFF.

Charge German Embassy.

齐默尔曼电报：被 40 号房间破解后，这封电报的内容震惊了美国，使美国在 1917 年对德国宣战。

1917 年 3 月 1 日：电报的内容在美国报纸上发表。

1917 年 4 月 6 日：国会对德国宣战。

1917 年 4 月 27 日：霍尔晋升为海军少将。

作为故事的尾声，霍尔上将在同年晚些时候被授予骑士称号。

53 号房的水手

诺克斯很快融入了人员壮大中的 40 号房间，而他的爱好之一是在洗澡的时候思考。如今的政府部门恐怕难以想象，据 40 号房间的当事人说，布莱切利庄园旧楼的 53 号房内有一个专门为他安装的浴缸。诺克斯很快就把 53 号房间划为了 40 号房间的某种“前哨基地”。据说有次诺克斯不见踪影，最后大家发现他在水汽氤氲的 53 号房间里，边冥思苦想边等待浴缸注满水。

在战争尾声时，弗兰克·伯奇撰写了一部《爱丽丝梦游仙境》的仿作（诺克斯也提供了一些帮助），其中就有一篇小诗。虽然无法与席勒比肩，也难说有赫罗达斯的水平，不过里面有以下内容：

53 号房的水手
从未真正见过海
虽不身处舟中
却履职于水面——
在那海军部的浴池里

不过使用浴缸还得小心谨慎，因为 40 号房间在扩建中雇用了 20 位女性文职人员。W. F. 克拉克于1951年回忆自己在40号房间的生涯时，颇为挖苦地提到：

> 首位新成员是霍普中校的秘书，她只坚持了两天就哭着离开了；接替她的是出色的特赖布女士（Miss Tribe），她在战后也继续工作……接下来是大学毕业生们……贝利夫人（Mrs Bailey）……为自己的情事而郁郁寡欢……汉布罗夫人（Lady Hambro）也在，想必和她丈夫在城里时一样能干；在一次年度晚宴上，她抽了一支超级大的雪茄，把霍普吓了一跳。当然，还有柯蒂斯女士（Miss Curtis），在我看来她是这些人中最有功劳的一位，幸运的是，她直到1944年健康状况恶化前都和我们在一起。

克拉克还提到了“一小群……来自大学的人”，这其中包括“纽金特女士、奥康纳女士、韦尔斯福德女士和如今在BBC中担任要职的梅·詹金女士”。此外，在女性工作人员中还有亨德森女士（Miss Henderson），一位海军上将的女儿；据悉她负责意大利情报的破译，这显示出“文职人员”一词实际上涵盖了各种各样的角色。

除了令人苦恼的贝利夫人，在团队中拥有女性成员让大多数来自封闭环境的男人们印象深刻。洗澡尤其难办，因为女性的换班是基于办公时间的，而从事密码工作的男性则是按24小时划分的海军时刻体系[1]。为避免尴尬发生，让一切井井有条，如何安排时间表就突然成了重中之重。也许这被处理得很好吧，无论如何，迪利·诺克斯与他的秘书奥利芙·罗丹（Olive Roddam）坠入了爱河，而这场婚姻也只是40号房间浪漫故事中的一段。关于诺克斯泡浴嗜好的传言甚至达到了奥利芙“共用

1　在皇家海军所使用的时间表中，24小时被分为5个4小时表和2个2小时表，以便安排船员的轮班。——译者注

这间古怪办公室”的版本：人们猜测那里除了浴缸还会有办公桌。弗兰克·伯奇也是在40号房遇到了他的妻子薇拉·盖奇（Vera Gage），而另一位密码破译员阿拉斯泰尔·丹尼斯顿的妻子多萝西·吉列特（Dorothy Gilliat）也是40号房的同僚。

战后阶段

随着对敌任务的终止，40号房间面临的风险不只是缩减规模，甚至可能会彻底消失。就在这时，阿拉斯泰尔·丹尼斯顿从阴影里走了出来。丹尼斯顿在战争期间并没有取得诺克斯或者德·格雷那样惊人的成就，但作为最早的成员之一，他的资历十分深厚；也多半因此，他被选做贝蒂元帅（Admiral Beatty）的翻译，于1918年11月21日接受了德军舰队的投降。（虽然德国人不把这视为“投降”，并在六个月后把他们受拘的舰队炸毁了。）

此后不久，40号房间的其他名人就重操和平时期的旧业：阿德科克和伯奇回到剑桥，诺克斯被任命为国王学院的图书管理员，预计很快就能加入前者。伯奇开始从密码破译员的角度写一部海战史，比起官方报告，这本书的风格要更接近赫罗达斯。更古怪的是，还有一部《爱丽丝梦游仙境》的戏仿作品，名为《ID25的爱丽丝》，描绘霍尔、阿德科克、丹尼斯顿、德·格雷、诺克斯和其他人，还配了卡通画。奈杰尔·德·格雷也接手伦敦美第奇协会主任这一新任务。只有丹尼斯顿留了下来。

1919年5月时，有一项严肃提案，要建立一个名为“政府密码学校”（Government Code and Cypher School）的神秘组织——就是和平时期的密码破译机构。如果只是这样，也没什么问题；但是各机构间的竞争打破了平衡。40 号房间虽然取得了巨大的成功，但它并不是唯一的玩家：军情一处 b 科也参与了军事情报破译，主要是通过窃听截取的信息和在西线的泥泞中传递的前线通信。它虽然没有像齐默尔曼电报那么辉煌的成果，但也收获颇丰。它长期监听着外交往来（40 号房间专注于德国的信息，军情一处 b 科则关注其他的一切），在霍尔接管 40 号房间后，两者间一直保持着良好的合作。但是军情一处 b 科的主管和阿拉斯泰尔·丹尼斯顿的关系并不好，尽管后者与军情一处 b 科的中层破译员相处融洽。政府密码学校到底会接过 40 号房间，还是军情一处 b 科的衣钵？硝烟十足的新战斗打响了。

当军情一处 b 科争夺自己的优先权，以免他们的候选领导人被撤回时，丹尼斯顿表示自己乐于以任何合适的身份履行职责。他的大度，以及战后重回海军部的丘吉尔的“炮轰”（“丹尼斯顿不仅是我们最优秀的人才，也是我们所剩的，唯一真正在这项工作上有天赋的人”），发挥了重要作用：丹尼斯顿将负责管理这个新组织。

政府密码学校正式成立于 1919 年 11 月。丹尼斯顿从 40 号房间和军情一处 b 科的人员里共同组建了他的队伍：当然要有诺克斯，以及军情一处 b 科最值得注意的奥利弗·斯特拉奇（Oliver Strachey）。斯特拉奇有个更出风头的兄弟里顿·斯特拉奇（Lytton Strachey），而他自己则处于“布卢姆茨伯里团体”（Bloomsbury Group）的边缘位置，在那里他不仅认识了迪利·诺克斯（诺克斯是里顿的朋友，后者还曾一度陷入单相思），以及他的妻子蕾·科斯特洛（Ray Costelloe）。像斯特拉奇的母亲一样，科斯特洛也是妇女选举权的倡导者，毕业于纽纳姆大学数学学院，是一名画家，时任阿斯特夫人（英国的第一位女性议员）的议会秘书，还是弗吉尼亚·伍尔夫（Virginia Woolf）的嫂子（在布莱切利庄园急需人才的时候，蕾成为了纽纳姆女性破译员的猎头）。

斯特拉奇在印度担任铁路管理员的背景，恐怕不是他开始密码破译生涯的有利条件。不过“一战”爆发时，年近四十并待业在家的奥利弗通过家庭关系被介绍到了陆军部（War Office），分配到军情一处 b 科。奥利弗很可能是军情一处 b 科最核心的密码分析员，尤其精通破译军事情报最擅长的手写密码。1916 年，他被派往埃及，那里是逐渐成为关键战场的中东地区指挥中心。在埃及，他的工作是给地方行动带去恰到好处的严谨性，以攻击土耳其的密码并收集情报——不仅是关于军事行动的，还有伴随奥斯曼帝国的瓦解而来的政治动荡。在回国的路上，奥利弗所乘的船还遭到了 U 艇的鱼雷攻击，而他将之轻描淡写地称为“造成了不便”。

而如今，虽然在海军和外交部门接管密码破译的过程中，来自 40 号房间的成员占据了多数，但奥利弗 · 斯特拉奇还是适应了政府密码学校的新管理风格。这所“学校”有两个职能：一个是对外公开的，即为政府所使用的密码暗号的安全性提供建议。另一个隐秘的职能则是“研究外国势力使用的加密通信方式”。政府密码学校的首个工作就是监听第一次世界大战后各种和平会议、条约谈判的幕后情况，再加上几乎完全没有与武装部队有关的通信情报，导致政府密码学校从海军部正式转移到了外交部，同时对秘密情报局（MI6）的负责人汇报。在两战期间的日子里，丹尼斯顿的团队破译过所有大国的情报：美国、法国、德国、日本以及很多其他的国家。不过正如丹尼斯顿自己所说的，“真正有效的情报来自于我们对苏联通信的研究”。

奥利弗 · 斯特拉奇（1874—1960）

斯特拉奇家族最出名的是张扬的里顿，他是维多利亚女王的传记作者，“布卢姆茨伯里团体”和“剑桥使徒”的一员。奥利弗是里顿的兄长，在许多方面都与他外向的弟弟形成了对比。奥利弗去了伊顿公学，而里顿没有；奥利弗在牛津大学贝利奥尔学院的学习有些失败，而里顿则在剑桥度过了闪光的本科学术生涯；里顿是公开的同性恋者，奥利弗则是无可置疑的异性恋。

在第一次世界大战前，奥利弗曾前往维也纳发展自己的钢琴才能。在那里，他掌握了出色的德语，这在之后被证明是相当宝贵的。奥利弗还是本杰明·布里顿（Benjamin Britten）的朋友，他们曾一同演奏钢琴二重奏。

第二次世界大战爆发时，斯特拉奇仍在政府密码学校任职。有人说他是布莱切利庄园最年长的密码破译员，但是年龄并不意味着效率变低。他继续研究手写密码，特别是德国军事情报与反间谍组织“德国军事情报局”使用的密码。从这项工作中获取的情报被称为“ISOS”（Illicit Services Oliver Strachey），意思是“奥利弗·斯特拉奇的非法工作”。因为使用这些密码的德国军事情报局特工往往是德国间谍，试图以各种方法渗透进英国的系统里。ISOS为德国的间谍活动提供了重要视角。在ISOS情报的帮助下，英国安全局著名的“双向间谍委员会”追踪、抓获或转化了每一个针对英国的间谍。斯特拉奇在战争结束时，获得了大英帝国司令勋章（CBE）。

1927年的阿尔克斯（Arcos）突袭就是证明，虽然结果是公认的毁誉参半。这场黎明突袭最后是有点搞砸了。全俄合作协会（All-Russian Cooperative Society, 缩写Arcos）名义上是一个苏联贸易机构，其实却是苏联间谍的幌子，以其特别协定的外交地位来为间谍活动打掩护。当英国政府认为阿尔克斯的行为已经带来太多麻烦时，内政大臣授权于

1927 年 5 月 12 日凌晨 4 点 30 分对其驻地进行突袭。不幸的是，这场行动执行得很糟，主要成果是破坏了英苏关系。英国政府急于为自己开脱，用政府密码学校的解密文件来证明苏联人的间谍行为。但这对政府密码学校是黑暗的一天，既然英国可以解读加密的苏联信息，这无疑向苏联和其他无论是否敌对的国家证实了英国的确在监视他们。

在接下来的几年里，各个国家及其武装部门在信息加密上所下的功夫都在不断提高。丹尼斯顿将 1919 年描述为“原始弓箭手的时代”；到 1930 年，机器开始被用于加密，也就需要新的、现代的破译方法。到 1937 年，军情六处的负责人认为，新的战争是不可避免的，政府密码学校应当开始招兵买马。

而政府密码学校将面对的，是另一场世界大战。

第二章

国王的高桌

The King's High Table

军情六处在 1938 年收购了布莱切利庄园，不久之后，一群间谍和密码破译员以“里德利上尉的射击俱乐部”的名义聚集到这里。

英国对来自纳粹德国的威胁反应迟缓。直到1937年，秘密情报局才开始将注意力从苏联转向德国，而且英国政府一直不情愿掺和进欧洲纷争里。不过到了1937年中期，情报局的负责人、海军上将休·辛克莱（Hugh Sinclair），还是开始准备可能面临的对德冲突。首先便是与法国情报机构建立密切关系，特别是像恩尼格玛机这样棘手的问题——德国的武装部门现已将之全面应用于无线电加密上。其次还有建制问题，需要找到一个通信良好又远离人烟的地理位置，外加成员的扩张。阿拉斯泰尔·丹尼斯顿收到指令，组织起合适的人手面对可以预见的解码需求增长，以防不测，同时也开始寻找合适的地点。

一套附带大宅、联排楼和花园的大庄园进入了视野。庄园的位置相当好：既有连通伦敦的铁路和公路，但也离得不是很近，以免空袭轰炸；最重要的是，它距离伦敦北部的主要电信基础设施仅有一英里左右。这个地方被称为布莱切利庄园，最近的城镇即布莱切利，是个围绕铁路枢纽建立起的默默无名的地方。它就是最佳选项，既有扩建的空间又不引人注意，再加上通信连接的便利，可以让密码破译员们秘密工作的同时，又与情报使用者保持联系。1938年6月，辛克莱为此买下了这片庄园。

不过，购买的主要原因与密码破译本身没什么关系。秘密情报局需要一个通信中心来接收特工网络从海外发回英国的秘密信号，并通过无线电反馈下一步指令。布莱切利庄园将成为一个拥有四个发射器和六个接收器的战时基地。在慕尼黑危机期间，秘密情报局总部工作人员和政府密码学校的工作人员进行了一次疏散演习。密码破译员们在布莱切利集结，伪装成“里德利上尉的射击俱乐部”——威廉·里德利（William Ridley）上尉是秘密情报局的首席行政官，因此也对破译员和间谍间接负责。他们当中不太可能有很多人拥有猎枪，再说这里也不是什么“野鸟之乡”，不过演习是成功的。政府密码学校摸清了这个地方，讨论出了各部门之间安排住宿的方式，而密码破译员们也发现了在此地落户的吸引力和局限性。

威廉·亨利·沃克·里德利上尉（1887—1955）

威廉·亨利·沃克·里德利（William Henry Wake Ridley）来自一个带有子爵爵位的贵族家庭，之后则是撒切尔夫人不受欢迎的内阁部长之一。里德利上尉自己也有过海军生涯：15岁加入不列颠尼亚号后，他在军中稳步上升，最终在1932年官至上尉。尽管第一次世界大战期间，里德利在他的各艘战舰上都被评价为“热心能干”，但作为一名海军军官，里德利从未脱颖而出，而晋升为上尉实际上是个平级变动。他本没机会指挥舰队——至少不是在海上。

里德利加入了秘密情报局，1938年他的“射击俱乐部”也是由此来到布莱切利庄园的。在战争期间，作为军情六处的首席行政官员，里德利的职责是确保任务得到贯彻：例如，1941年，当全国各个部门都被紧迫的战争需求所淹没时，他确保了布莱切利庄园在建筑工程、运输、劳动力等方面都得到它想要的优先待遇。1947年，他正式进入皇家海军的退役名单，并于1949年被授予大英帝国司令勋章。

里德利是在布莱切利庄园担任附属职务的几名高级官员之一——包括几名海军上校、皇家空军上校和准将，在这里，倒置的等级制度要求他们只向一名区区海军中校报告。这恐怕绝对不是管理军事行动的方式，但布莱切利庄园是不同的。

然后还有招募方面的挑战。他们需要的是一份后备名单，即在真的宣战时可以应征的密码破译员和分析员。首先是来自第一次世界大战的老前辈：弗兰克·阿德科克、弗兰克·伯奇、奈杰尔·德·格雷，他们可能愿意再次效力。也需要一些年轻的血液，而且由于有恩尼格玛机这样的电子机械密码装置带来的新问题，新成员里应当包括一些具有工程或数学背景的人，与语言学家一起工作。阿德科克知道哪里可以找到这样的人：他经常在剑桥大学国王学院华丽的大厅里与他们在“高桌”上共进晚餐。这些人（当时，国王学院的所有成员都是男性）可以被充分信任，而他们的智力水平也是毋庸置疑的。于是一份“可用的紧急工作人员”名单被整理了出来：初版中，有9名“老前辈”，新人里24名来自剑桥，13名来自牛津，还有其他一些人。剑桥大学的成员中有6人来自国王学院。

奈杰尔·德·格雷（Nigel de Grey），40号房间的老兵，后成为特拉维斯中校在布莱切利庄园的得力助手。

接下来需要搞清楚的是他们是否愿意加入这项非同寻常的工作。时年 31 岁的古典学家帕特里克·威尔金森回忆道："1938 年夏天的某一天，那是在纳粹德国接管了奥地利之后，我正坐在国王学院自己的办公室里，突然有人敲门。进来的是弗兰克·阿德科克和一个身材矮小、看起来像鸟一样的人，有一双明亮的蓝眼睛，阿德科克介绍说他是丹尼斯顿中校。他问，假设发生了战争，我是否愿意为外交部从事一项机密工作。这听起来挺有意思，我就答应了。因此我还需要在一份《官方保密法》的表格上签字。"威尔金森接下来就发现，这其实也不是什么多大的机密。1920 年代末，"一战"时期海军部的密码破译工作就已经多少为人所知了，国王学院的成员们也知道阿德科克曾是其中的一员。不用多么明察秋毫也能猜出来，这一未公开的机密工作可能是什么。

名单上的一部分牛津、剑桥的教授选择了拒绝，还有一人去世了。到 11 月底，丹尼斯顿得以向外交部报告说他已接触这两所大学，并有一份约 50 人的名单，能在战时服役。其中唯一的一名女性，F. M. 伊德女士，是一位被指定于外交破译工作的西班牙语专家。来年 3 月时，紧急名单已经扩展到 73 人，也有了第二位女性，A. M. 戴尔女士（见第六章），是一位牛津的古典学家，曾从事意大利语密码破译工作，当意大利不再与英国为敌后，她又被调去从事日本密码研究。同其他女性密码破译者一样，阿拉斯泰尔·丹尼斯顿曾试图为她争取同工同酬的待遇，但没有成功。

1939 年 1 月，举办了一个入职课程。有 9 名新手参加，包括 3 名来自剑桥大学国王学院的成员，学习换位密码、添加到密文中以隐藏密码的随机数字序列、情报等知识。除了帕特里克·威尔金森之外，国王学院的小分队还包括艾伦·麦席森·图灵，他在前一年的夏天也曾受到阿德科克和丹尼斯顿的访问。图灵被指定从事恩尼格玛机的工作；威尔金森则负责研究意大利海军通信。

教授类型的人

阿道夫·希特勒在1939年上半年的侵略行为充分表明，这些预防措施并非杞人忧天。3月，他撕毁慕尼黑协议，侵占捷克斯洛伐克的剩余地区，还吞并了一部分立陶宛。英国首相尼维尔·张伯伦向波兰保证，如果波兰也遭到入侵，英国就会对德宣战。阿拉斯泰尔·丹尼斯顿为这支固定的破译员团队操办了一次演练，把他们送到布莱切利庄园——后来被人们称为“BP”——试图让他们适应在这里的工作生活。

9月初，德国入侵波兰时，征兵工作开始了。虽然一切都应当保持高度机密，但早期的工作多少有点业余。帕特里克·威尔金森是这样形容的：

> 为保密设置的预防措施并不现实，实际上简直可笑。被招募者不允许对外透露自己的去向，直到很多人都在布莱切利中枢站被正在换乘的熟人看到，这场闹剧才算作罢。学院里流传谣言说，我们当中有个人，约翰·萨尔马什，被任命为格拉摩根的牛奶管理员。(就算如此，这又有什么可保密的？)在等待中，还传来一个说法：沉迷保密的阿德科克在从车站前往布莱切利庄园的路上，遇到一个小男孩，问候他道，“先生，我可以帮你读那些秘密文章！”最初的几个星期里，布莱切利的电影院里上映了一部名为《特勤局密码》的惊悚片，上座率很高。而我们只被告知要从事“伦敦民用防空研究”。

丹尼斯顿于1939年9月3日给财政部写信道：“近日来，我们必须从紧急名单上招募一些贵部同意支付600英镑年薪的教授类型的人。我在此附上一份已经应征的此类人员名单……”

这些人中，只有一小部分确实拥有教授的头衔。丹尼斯顿在 3 月完成的名单里有 7 位教授，其中一人就是阿德科克。此外，还有“J. R. R. 托尔金”——盎格鲁–撒克逊语的罗林森和博斯沃思教授（Rawlinson and Bosworth Professor of Anglo–Saxon）[1]、《牛津英语词典》的撰稿人、《贝奥武甫》的译者，以及《霍比特人》和《指环王》的作者。但因为某些

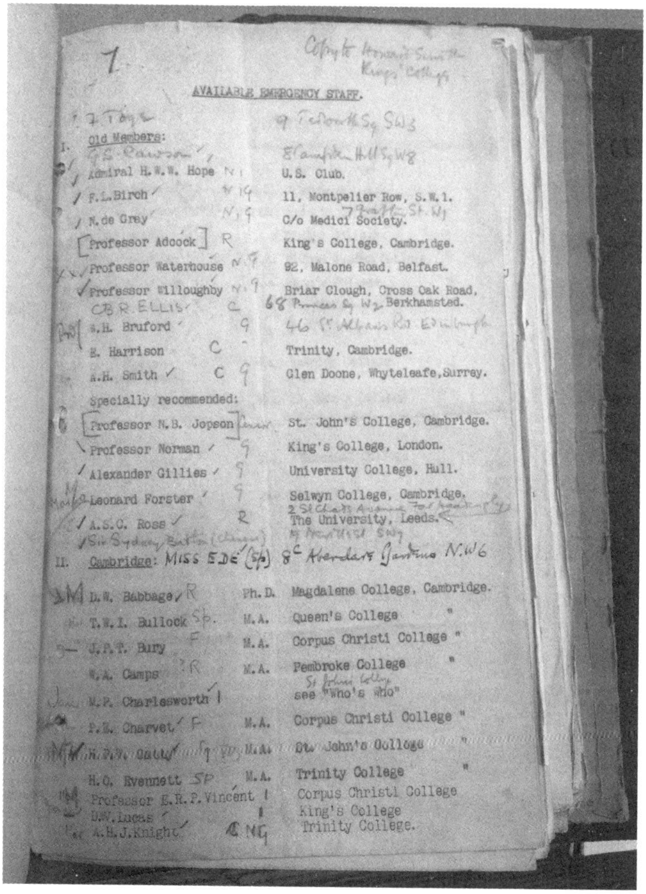
AVAILABLE EMERGENCY STAFF.

I. Old Members:

Admiral H.W.W. Hope	U.S. Club.
F.L.Birch	11, Montpelier Row, S.W.1.
N.de Grey	C/o Medici Society.
Professor Adcock	King's College, Cambridge.
Professor Waterhouse	92, Malone Road, Belfast.
Professor Willoughby	Briar Clough, Cross Oak Road, Berkhamsted.
A.H. Bruford	
E. Harrison	Trinity, Cambridge.
A.H. Smith	Glen Doone, Whyteleafe, Surrey.

Specially recommended:

Professor N.B. Jopson	St. John's College, Cambridge.
Professor Norman	King's College, London.
Alexander Gillies	University College, Hull.
Leonard Forster	Selwyn College, Cambridge.
A.S.C. Ross	The University, Leeds.

II. Cambridge:

D.W. Babbage	Ph.D.	Magdalene College, Cambridge.
T.W.I. Bullock	M.A.	Queen's College "
J.P.T. Bury	M.A.	Corpus Christi College "
W.A. Camps	M.A.	Pembroke College "
M.P. Charlesworth		see "Who's Who"
P.E. Charvet	M.A.	Corpus Christi College "
H.P.W. Gatty	M.A.	St. John's College "
H.O. Evennett	M.A.	Trinity College "
Professor E.R.P. Vincent		Corpus Christi College
D.W. Lucas		King's College
A.H.J. Knight		Trinity College.

“教授类型的人”名单中的 页，即发生敌对行动时可能被征召加入政府密码学校的预备役人员。

1 1795 年牛津大学圣约翰学院由理查德·罗林森（Richard Rawlinson）设立的教授职位，后为纪念盎格鲁–撒克逊语研究者约瑟夫·博斯沃思（Joseph Bosworth），该职位更名为“罗林森和博斯沃思教授”（Rawlinson and Bosworth Professor）。——译者注

原因，托尔金虽然参加了入职课程，却在 1939 年 10 月被告知不再需要他的帮助，所以没能真正前往布莱切利庄园。

其他几位教授也被吸纳了进来。弗雷德里克·诺曼（Frederick Norman）教授是伦敦大学的语言学家，在从解密文件中获取科技情报方面发挥了重要作用。另一位看起来不太可能被选入布莱切利庄园的教授是托马斯·博厄斯（Thomas Boase），他确实不在丹尼斯顿的最初名单上。不过，博厄斯也不需要在名单上，因为 40 号房间的“老成员”（丹尼斯顿的说法）韦尔斯福德女士在。罗达·韦尔斯福德（Rhoda Welsford）和博厄斯一样，在考陶德学院工作。韦尔斯福德女士的母亲租下了布莱切利附近牛顿–朗维尔的旧牧师住所，博厄斯教授和罗达都可以在那里方便体面地住下。

博厄斯在第一次世界大战中赢得了一枚十字勋章，尽管比起密码破译员，他更是一名艺术史专家，现在还是被招募到航空部。（1943 年博厄斯被外派为英国议会在中东首席代表的事实，体现出当时政府密码学校的负责人特拉维斯并没把他看得特别不可或缺。）也许经由韦尔斯福德女士与 40 号房间的联系，让博厄斯来到布莱切利庄园是件好事。韦尔斯福德女士战后在考陶德的上司正是苏联间谍安东尼·布兰特（Anthony Blunt）。

弗雷德里克·诺曼（1897—1968）

弗雷德里克·诺曼的绰号是“Bimbo”，即意大利语的“小孩子”，获得这个昵称的原因现在已经不清楚了，他作为一名德语教授从伦敦国王学院来到了布莱切利庄园。他很快就与 R. V. 琼斯（R. V. Jones）博士建立了密切的关系，后者是隶属于空军部情报部门的年轻科学家。诺曼是通过破除谣言赢得琼斯信任的：希特勒在 1939 年 9 月 19 日发表的演讲引发了人们的

弗雷德里克・诺曼教授，他在布莱切利庄园的职责包括解释有关德国新技术的编码信息，也包括V型武器。

恐慌，据悉他已经制造了一种秘密武器，而任何反制措施都不会有效。诺曼通过重新翻译希特勒的演讲，平息了这一谣言。原来希特勒只是在谈论德国空军。

琼斯将诺曼形容为“容易激动的德语教授”，一开始还讽刺了诺曼在技术知识上的匮乏。但很快琼斯就认识到，诺曼的“嗅觉”非常灵敏，可以觉察出事情的状况。琼斯和诺曼的首次成功合作，是对付闪击战中将德国轰炸机导向目标——例如考文垂——的无线电波。

琼斯利用布莱切利庄园的解密信息向空军参谋部报告敌袭可能的目标，并安排诱饵无线电波来误导敌军轰炸机的方向。德国人不断改变他们的制导系统，但在诺曼的帮助下，琼斯总能跟上。一个在恩尼格玛机信息中被称作“沃坦”（Wotan）的新系统就是个好例子。诺曼解释到，沃坦是日耳曼神话中的一个独眼神；琼斯便进一步分析出，这意味着德国人正在从双波束转向单波束测向和测距系统。通过合作，诺曼和琼斯得以在这场光束之战中胜出。

在战争后期，诺曼得以破解德国电文中关于无线电台位置的加密信息，这些信息对V型武器的发展至关重要。有了破译出的技术信息，琼斯就能时刻掌握V-2火箭的情况，例如它所使用的转向装置等，使空军人员得以轰炸火箭发射基地。

罗达·韦尔斯福德（1894—1975）

作为40号房间的老成员，罗达·韦尔斯福德被丹尼斯顿列入可能被重新征召以从事第二次对德战争中密码破译工作的人员名单。据说她是一位“女学究”，这种明褒暗贬的说法，可能更多地反映了 20 世纪中期评论家的价值观，而不是韦尔斯福德女士本人的形象。

她出身名门，有着天生的指挥魄力。她的主业是伦敦考陶德艺术学院的图书管理员，在此接触到她的人会发现她很严格，甚至令人生畏。这项工作掩盖了她出色的智力和分析组织能力。她不仅将丁托列托（Tintoretto）的传记从意大利文翻译成英文，而且还主管重要的摄影收藏馆——这里保存着对画作的留档，当原作因故无法获取、被盗或损坏时，这些存档就会发挥重大效用。

在布莱切利庄园，她利用位于佩内明德的德国实验站发送的编码数据，计算出正在那里测试的无人驾驶飞机的飞行路线和撞击点。这些“每日试验点”被叠加在以伦敦为目标的地图上，就能帮助航空情报部门更好地了解可能的发射地点。至于她自己，则被描述为：“戴着白手套，在鲜花的芬芳中辛苦破译电码，充分保持了她的伦敦上流社会风范。”[1]

剑桥大学基督圣体学院的 E. R. P 文森特（E. R. P. Vincent）教授是阿德科克在一顿晚餐上邀请来的，他在 1927 年写过一本名为《意大利人的意大利》的书，后来又编辑了马基雅维利《君主论》的译本。阿德科克在准备讨论秘密内容时，还曾特意检查在门后是否藏着偷听者，这可把文森特逗乐了。文森特是领导意大利部门的不二人选，于是他成为了帕特里克·威尔金森的上司。在战争后期，意大利已经不

1 引自克里斯蒂·坎贝尔的《目标是伦敦》（*Target London*）。

再是敌人后，他被升调至助理主任，领导密码的协调和记录工作，以确保整个布莱切利庄园运行的顺畅高效。而鉴于“仅限必要”的原则，各小组不得不各自孤立，协调整个布莱切利庄园绝非易事。文森特在战争初期也是社交委员会的领袖，在音乐、戏剧和舞蹈上都是。“文森特是一个沉迷舞蹈的人，总是接二连三地挑选年轻的舞伴，不过最终总是由他好脾气的妻子陪着。”[1]他最终以一枚大英帝国司令勋章宣告了自己成功的战时生涯。

一位和文森特处不来的老前辈是尖刻的 W. F. 克拉克，他的“首场大闹”始于对其长期助手怀特女士的安排。性别角色的描述阻碍了问题实质。名义上，怀特女士是秘书，实际上，克拉克一直在安排她从事密码分析员的工作，而她丰富的经验很难和这些教授新人相容，因为他们“嫉妒她，意识到她比他们更为称职，事实上她也一直在教他们怎么做好工作，并纠正他们的错误”。最终怀特女士似乎没发挥太大作用，并被调走了，克拉克对此留下了威胁性的评论。

联系、阴谋与填字游戏

随着 1940 年法国沦陷后战争的真正开始，布莱切利庄园的进一步扩招必须来自学术界以外的圈子。1942 年 1 月，由《每日电讯报》举办的填字游戏比赛起了不小的作用：挑战是在考试环境下 12 分钟内解出谜题。这次比赛由军情八处的弗雷迪·尼科尔斯（Freddie Nichols）上校监考，他将邀请成功的候选人与他“共商国是”。不过事实上，很少有人是真的以这种方式被招募的。口耳相传和家庭关系要重要得多。

1　帕特里克·威尔金森，《生活的多重面向》（*Facets of a Life*），1986。

彼得·卡尔沃科雷西在和平时期是一位出庭律师，他于1940年自愿参军。在陆军部，他受到了各种各样的测试，以确定他是否适合入伍。“一天结束时，我来到一间办公室，那里有一张纸，上面是这一整天的记录，纸的底部写的是测试结果。虽然从我坐的地方看过去是颠倒的，但我还是可以清楚地看到它上面写着‘不理想。甚至连情报员都不适合’。”尽管如此，一位同事让他与空军部的情报总监取得联系，并最终加入了布莱切利庄园。“在某些方面，我是一个相当典型的布莱切利成员。除了德语知识这样的基本资质之外，我来自恰当的教育环境，并属于那个人们会去招募新兵的生活圈子——一个受限制的中产阶级职业世界，在那里相对容易获取关于个人的可靠报告。”

而口耳相传，或者一些人所说的兄弟网，只是一种社交的形式。牛津剑桥的人际圈将教授们引向了布莱切利庄园，而且确实有一些饱学之士并非男性。尽管丹尼斯顿的战前招聘名单反映了20世纪30年代英国大学教授级职位的构成——几乎完全没有女性，但有大量的学术界女性加入了布莱切利庄园。当日后的玻璃天花板不那么严格，偶尔能有些“阁楼楼梯”的时候，她们中的一些也成为了教授。布莱切利庄园面对这场人才争夺战显得很不情愿。“我没法面对这些空缺要百分之百由女性填补的前景”；至于11个语言学家的空位，“其中5个必须是男性，剩下的可以是女性，如果她们真的是一流人才的话”。这些令人啼笑皆非的话，都能在国家档案馆中找到。1942年，当补充上这些语言学家的空缺时，至少有一个新人来自于当时全是女性的剑桥格顿学院，比如后来当选教授职位的艾莉森·费尔利。这些出色的女性很可能与那5名男性雇员形成了对比，后者中应该包含了一些仅算二流的人。

奥利弗·斯特拉奇多年来一直投身于争取女性权利的斗争，有他担任要职，意味着他的妻子雷（Ray）能够从全是女性的剑桥纽纳姆学院招募一流人才。另一位人才招募者，琳达·格里尔（Lynda Grier），是与弗兰克·阿德科克相对应的牛津女性，她自1921年以来，一直担任玛格莉特夫人学堂（LMH）的校长。格里尔女士在战争前就认识丹尼斯顿的妻子多萝西，当时多萝西还是LMH的学生，人才间的联系就是这么被建立起来的。于是从LMH的一大批毕业生中前来的，有学者迪奥内·克莱门蒂（Dione Clementi）、安妮·格林–琼斯（Anne Glyn-Jones），和也注定要成为一名教授的玛奇·戴尔（Madge Dale）。

迪奥内·克莱门蒂（1914—2010）

乔斯琳·克斯莱克（Jocelyn Kerslake）对她的评价是："安保问题在她那儿是万无一失的。"乔斯琳在牛津大学玛格莉特夫人学堂读本科时就认识迪奥内·克莱门蒂，1941年她们一起被安排到了布莱切利庄园的小屋4号。乔斯琳想知道她的朋友被安排的是什么工作——但即使她们就在同一个小屋里，这也是一个官方机密，迪奥内对此守口如瓶。这实际上与分析被缴获的德国文件有关，小屋4号依靠这些文件来破解海军恩尼格玛机。

迪奥内·克莱门蒂是一名专注学术工作的历史学毕业生，曾就读于伦敦大学和曼彻斯特大学。

她的父亲曾任香港总督，自身也是一名学者和语言学家，也许与同时代的人大相径庭，他非常支持自己女儿"追求学术而非社交成就"[1]的愿望。她的专业方向是中世纪史，出版了关于西西里的诺曼王朝、神圣罗马帝国皇帝亨利六世等内容的专

1　乔斯琳·克斯莱克所写的悼词，《玛格丽特夫人学堂年志》（*Lady Margaret Hall Annual Record*）。

著。（和艾伦·图灵一样）她从未得到正式的教授头衔，但（也和他一样）退而求其次，担任了准教授。

“丘吉尔”的肝脏

新来的密码破译员，无论是中产出身的专业人士、大学教授还是其他背景，都得有个住处。不是所有人都像博厄斯教授一样幸运，恰好认识在教区有空房的人。1939 年 1 月，当地人被要求正式登记空余房间——什么样的都行。于是宿管员把新招募的人员分配到了布莱切利镇和周围农村的居民家中。而这不一定会是美好的经历，有时候甚至是十分不快的。有的住宿条件令人吃惊：“空无一物的储藏室”；“花园尽头的洗手间”；“没有煤气或电”。有的则是糟糕的食物：“（女房东的）一顿美餐就是加热粉色的鲑鱼罐头和土豆泥”；“早餐是在烤箱里加热了四个小时的剩饭”。更难以预料的是，怎样的房东和哪些布莱切利庄园的人被安排到了一起。有时候，东道主相当热情好客，也与借住的破译员们建立了长久的关系；另一些情况下，事情就没那么顺利了，有的破译员回忆到，房东为了省电把灯关掉（对于那些需要干夜班的人而言，可不是闹着玩的），还有人被迫目睹了家庭纠纷。

最早抵达的成员之一帕特里克·威尔金森运气还不错，他被安排到布莱切利以南几英里处大布里克希尔的酒吧老板那里。

房东叫弗兰克·斯塔布，他是德文郡的退役警察，身材魁梧，膀大腰圆，寡言少语但有副热心肠——差不多就是一副“酒吧老板”的形象。斯塔布夫人是一位做家常菜的好手，尽管随着战事发展，能供她大展手艺的原料都遗憾地陷入短缺，斯塔布夫妇还是尽其所能保持着饮食标准。为此，弗兰克用餐桌上的残羹剩饭养了两头很胖的猪，分别起名为“罗斯福”和“丘吉尔”。粮食供给员允许他留下一部分自用，于是在一个圣诞节的早晨，我们用“丘吉尔”的肝脏做了早餐。

与威尔金森一起待在“邓科姆军械库”的还有戈登·韦尔什曼，他也来自剑桥。尽管他是个新人，而且作为一名数学家，在语言学家中算个局外人，但他有不少关于高效管理布莱切利庄园这个机构的想法，这可能让那些从以往经历中积累了答案的老手们不喜欢他。正像多数“教授类型的人”的专长所体现的那样，数学家在当时算是某种新鲜事物。

在战争期间，布莱切利庄园有至少 13 名国王学院的院士和 8 名国王学院的非院士成员。这显然是不成比例的，而令人惊讶的是，许多来自国王学院的成员都顺利融入其中，并产生了巨大的影响。其实在 20 世纪 20 年代和 30 年代初，国王学院并不是以按智力水平或获得诺贝尔奖的潜力选择成员而闻名的。当然，也有例外，如约翰·梅纳德·凯恩斯（John Maynard Keynes）[1]和迪利·诺克斯。国王学院还有一些知名校友，如诗人鲁珀特·布鲁克（Rupert Brooke）和徐志摩；一些研究员有杰出的学术生涯，如弗兰克·阿德科克爵士、F. L. 卢卡斯（F. L. Lucas）和艾伦·图灵，他们在秘密情报方面也做出巨大贡献。但总体而言，国王学院更看重其研究员候选人融入学院社群的能力，这也是战时学院的特点。除了一些罕见的数学家之外，布莱切利庄园的国王学院成员大部分是艺术和人文学科背景，比如古典学、语言学和历史学。

1　凯恩斯，英国经济学家，凯恩斯的理论奠定了现代宏观经济学的基础。——译者注

国王的高桌（The King's High Table） 根据军情五处的官方记录，国王的"高桌"（国王学院院士们）有三分之一在第二次世界大战中就职于布莱切利庄园。下列选取了一些人和他们的角色。		
姓名	学术背景	在布莱切利庄园的工作生涯
菲利普·霍尔（Philip Hall，1904—1982），1927—1982 年担任院士	数学家，英国皇家学会会士（FRS），伦敦数学协会主席，萨德利安理论数学教授。	专攻意大利海军，后转为研究日本海军。
D. W. 卢卡斯（D. W. Lucas，1905—1985），1929—1985 年担任院士	古典学家。	专攻意大利海军，后转为研究日本海军。是 F. L. 卢卡斯的兄弟，但不喜欢自己在 BP 的日子。
克里斯托弗·莫里斯（Christopher Morris，1906—1993），1930—1993 年担任院士	历史学家。	研究德国海军的手写密码。他把自己的工作描述为"布莱切利的穷亲戚"（与众望所归的恩尼格玛机形成对比）。
J. H. 普拉姆（J. H. Plumb，1911—2001），1939—1946 年担任院士	历史学家，剑桥大学基督学院院长，历史学教授，1982 年受封为爵士。	专攻德、意及之后的日本海军，以及通信分析。
约翰·萨尔马什（John Saltmarsh，1908—1974），1931—1974 年担任院士	历史学家。	小屋 3 号的制图专家：根据密码资料还原德国陆军和空军的地图。
亚历克西斯·弗拉斯托（Alexis Vlasto，1915—2000），1945—1950 年担任院士	语言学家，最终专研俄语。	专攻日本空军代码。成为英国皇家空军的翼长，"虽然我从没真正飞行过"。与另一位布莱切利破译员结婚。
帕特里克·威尔金森（Patrick Wilkinson，1907—1985），1932—1985 年担任院士	古典学家。	负责研究意大利海军，之后是小屋 3 号情报员。与另一位布莱切利破译员结婚。

F. L. 卢卡斯（1894—1967）

F. L. 卢卡斯（又被称为彼得·卢卡斯）的职业生涯开始得很传统：古典学家。他在索姆河畔留下了五处伤口，中断了自己的“一战”生涯，但得以幸存下来参加情报部队。战后，他被剑桥大学国王学院选为古典学研究员，但最终成为了首批英国语言学文学讲师中的一员，因为剑桥认为这才是他适合取得学位的学科。

剑桥大学国王学院在 20 世纪 20 年代与“布卢姆茨伯里团体”关系密切，经济学家约翰·梅纳德·凯恩斯是其中最著名的成员。卢卡斯也是其中一员，卷入布卢姆茨伯里一系列不限性别的三角情感关系，而这被认为是该集团典型的波希米亚生活方式。

卢卡斯的英语文学研究事业是在两次世界大战期间发展的。他反对由 F. R. 利维斯（F. R. Leavis）领导的新文学批评学派。虽然卢卡斯更喜欢伊丽莎白时期的戏剧，并希望他的学生关注语境、时代和作家本人的性情，但现代的研究方法是专注于文本自身。卢卡斯对更现代的作家评价不高：“在考试中，对‘杰拉德·曼利·霍普金斯（Gerard Manley Hopkins）是他那个世纪最伟大的诗人’这种说法，根本没法给分；能讲出这种话的人该不该拿到分数都是两说。”

随着第二次世界大战的逼近，他因反对法西斯主义和绥靖主义而著名；据说戈培尔把卢卡斯列进了他的消灭名单。在布莱切利庄园，卢卡斯被分配到小屋 3 号，并协助组织他们进行情报分析和研究。他还指挥过布莱切利庄园的自卫队。面对

1940年德国入侵的紧迫威胁，他们的工作形势相当严峻。卢卡斯安排了挖掘战壕和建立防御阵地的工作，为了在德国人万一攻至布莱切利时，破译员们能有足够的时间销毁秘密文件。战争结束时，卢卡斯因其在布莱切利庄园的贡献而被授予大英帝国司令勋章，然后回到了国王学院，继续从事写作、教学和对其他国家文学的研究工作。

无论读者对政府密码学校的招募途径可能有什么想法，它在以下两位剑桥大学国王学院研究员的选择上无疑是很成功的。这两个人在解决令丹尼斯顿这种老成员束手无策的问题上起了关键作用。这一问题就是恩尼格玛机，而相关的两位成员是迪利·诺克斯和艾伦·麦席森·图灵。战争爆发时，他们都已经关注这一问题有段时间了。而投入时间相对更长的诺克斯，已经想出了破解恩尼格玛机的一种方法。

第三章

诺克斯的非法服务

阿瑟·谢比乌斯（Arthur Scherbius）的发明催生了第二次世界大战中最著名的破译挑战，也带来了迪利·诺克斯最举世瞩目的成就。谢比乌斯的想法是以电线来替代信息中的每一个字母，而通过将电线置入转子，每次移动转子时，替代的字母都能自行变化。

谢比乌斯的机器是个庞然大物。它的形状像一台打字机，从侧面伸出来一些不甚美观的旋钮。打字员会正常地输入信息，但在这台加密机器的作用下，实际出现在纸面上的就成了一堆乱码。改变编码方式的转子则受到边上的旋钮控制。但这台机器并不算成功；它太重了，也不怎么可靠。于是谢比乌斯重新尝试，这次他将输入机制改为了小灯泡。灯泡在一个小圆窗面板下显示字母，然后会一个一个地亮起来。谢比乌斯的营销材料上将它称为“恩尼格玛机”牌的“荧光灯机器”。1924 年的国际邮政大会展出了这台调试好的机器，它不仅立马吸引到了潜在的商业客户，还引起一些国家的外交官和军事人员的注意。这一新式恩尼

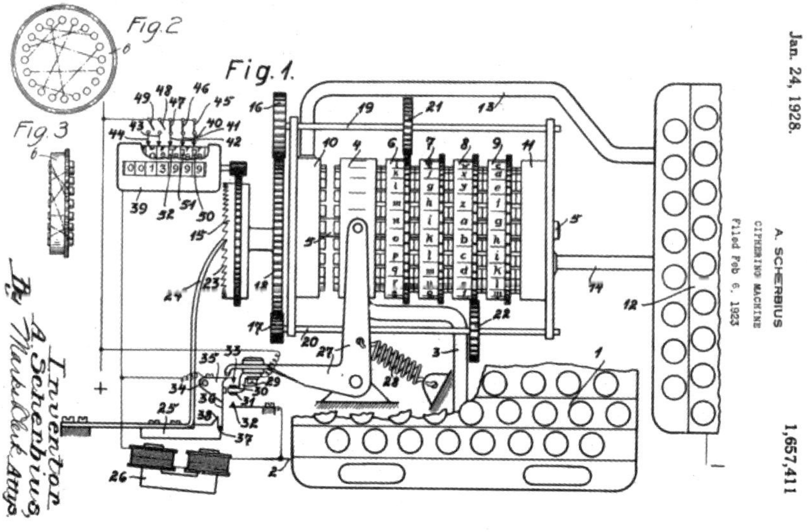

1928 年，阿瑟·谢比乌斯为恩尼格玛机申请专利时的图表。

格玛机的成绩超出了所有预期：据估计，最终制造了约 10 万台恩尼格玛机。

可惜对于阿瑟·谢比乌斯来说，这一切还遥不可及。继续开发机器的时期恰逢德国“一战”后的恶性通货膨胀，很多人因此变得一无所有。谢比乌斯努力维持生计，直到 1928 年他的密码机股份公司才稳定下来。该公司进行了一次集资活动，并仍在填补亏空，尽管公司设法保持了偿付能力，但再未支付出任何红利。最后的悲剧是谢比乌斯在 1929 年的交通事故中丧生——就在德国扩大武装部队的规模，并随之增产恩尼格玛机的前一年。

不过，德国武装部队在 1926—1928 年间开始测试这一机器，波兰的无线电塔也开始接收到用这种新设备加密的信号。不同于用数字组取代单词和短语的加密信息（比如用于齐默尔曼电报的密码），恩尼格玛机是一种置换密码，将每个字母逐一变化为其他内容。老式密码很容易破解，因为有些字母在常规用语中出现的频率比其他字母高，所以通过计算字母的数量往往就能揭示取代方式；但由于德国国防军的恩尼格玛机在每次转子转动时——也就是每当有新字母被输入机器时——都会改变编码方式，计算频率的招数就没法起作用了。需要一种全新的破解方式。

德国国防军的恩尼格玛机

德国陆军和空军使用的恩尼格玛机器以打字机式的架构进行加密和解密：只要发送方和接收方用同样的方式设置机器，就能以相同的方式对信息进行加密和解密。设置机器是关键步骤，因为每个变量组件在转换（加密）秘密信息上都起着重要作用。

德国国防军的机器有四个可调节的特征，控制任一个均可改变加密的方式。

- 转子的选择。在战争初期，有5个转子（被破译员称为“轮子”）可供选择。机器可以安装3个：即使不考虑所有其他变量，仅仅是选择哪3个转子和按什么顺序，就带来了不少于60种组合的可能性。后来，德国海军又增添了额外的转子和不同版本的“反射器”（reflector）圆盘，从而将电流转再次传递回转子上。
- 每个转子的环形设置。每个转子内部都有用于转化字母（或者有时不作改变）的线路。这些线路被安置在一个围绕着可移动的环（被破译员称为“轮胎”）的“核心”里。环形的设置决定了下一个转子将在哪个位置上移动，同时也掩盖了转子的核心线路在开始加密时的方向。而每个转子上有26种不同的设置方式，机器中又有3个转子，就共有26×26×26=17576种环形设置的可能。
- 每个转子的方向。为了以相同的方式设置机器，发送和接收信息的操作员需要知道每个转子环上，哪个字母位于最上层。因此在加密过程开始时，这可以通过机器的盖子看到。同样，每个转子有26个可能的方向，所以又增添了17576种可能性。为了让窃听者更难受，每发一条信息还会选择一个新的起始位置。
- 插板。在恩尼格玛机的前面有一组插座，每个字母对应2个（输入和输出）。这也能对加密文本中的字母进行改变。在第二次世界大战期间，德国的做法是使用10条电缆，能转换掉20个字母，而6个保持原样。10根交叉插线就产生了1.5亿种可能性。

不过在最开始，密码破译员们总得先接触到硬件。20世纪20年代，当谢比乌斯向所有来者推销他的设备时，英国人也买下了一台恩尼格玛机。分析后，他们认为这台机器其实很容易破解。只要能猜出部分信息内容，就能利用机器的特性，即没有字母是按原样加密的。这使解码者能排除3个转子的很多排列组合可能，并最终发现转子在开始编码时是如何配置的。一旦掌握到这些信息，解码起来实在易如反掌。所以，英国组织判定恩尼格玛机太不安全了，将它置之脑后。

“杆”（rodding）的方法

事情在1936年起了变化。西班牙爆发了内战，欧洲的独裁者们联合起来支持佛朗哥将军和他的民族主义团伙。德国人向西班牙民族主义者和墨索里尼治下的意大利人提供了恩尼格玛机。他们的摩斯密码信息被法国捕获，政府密码学校也拿到了副本，因为英国人担心战争可能对直布罗陀海峡的安全产生影响。在政府密码学校，这些副本最终落到了迪利·诺克斯的办公桌上。“1936年，诺克斯头一回拒绝了来自（国王学院）创始人宴会的邀请。原因很简单；即使在剑桥大学中，该晚宴也以其热情好客和美酒而闻名，客人们也因此偶有冒失行为。虽然这只会发生在国王学院的成员中间，但形势已经如此严峻，以至于诺克斯不能冒哪怕一丝一毫会泄露工作内容的风险。”[1]

1 佩内洛普·菲茨杰拉德，《诺克斯兄弟》（*The Knox Brothers*），1977，第194页。

德国武装部队版本的恩尼格玛机，可以看到前面的插板、键盘、灯板，以及（后面）3 个编码转子的顶部。

迪利·诺克斯（1884—1943）

在布莱切利庄园的故事里，迪利·诺克斯是一位绝对的关键人物——任何关于密码破译的记录都能被扩写成他的个人传记。

首先是他的家庭。诺克斯是圣公会曼彻斯特主教的四个儿子中的老二。这四个儿子每个都不同凡响：老大埃德蒙成为讽刺杂志《笨拙》(*Punch*)的编辑，以笔名埃沃著称；两个小儿子都在教会工作。最小的罗纳德在媒体的关注中皈依天主教，成为了一名主教，并为英国的天主教徒翻译圣经。另一位，威尔弗雷德，则是“东区的英国天主教牧师，虔诚的社会主义者，无畏的摩托车骑手，社会工作者，古怪的隐士——或者也许就是一位圣人”[1]。还有两个姐妹，埃塞尔和温妮，但她们未能与兄弟们比肩。

诺克斯本人有副众所周知的坏脾气，不只是有点反常而已。虽然也偶有直抒胸臆的时候，他的乖僻程度还是要远胜一般水平，可以说是无可置疑的古怪。这些传闻比比皆是：把眼镜装在烟袋里，在乡下的可怕飙车经历，忘记邀请兄弟们参加婚礼，等等。其中有些可能是真事。不太为人所知的是，迪利“天性中有奇妙的浪漫一面，有自然的优雅和羞涩的豪情”。他是一位伟大的舞者，对下属和家庭中的晚辈相当忠诚。他的侄女，未来的小说家佩内洛普·菲茨杰拉德（Penelope Fitzgerald），被诺克斯送回学校晚了，不得不面对女舍监的愤怒：“制定规则就是用来遵守的！”而诺克斯的回答是：“但

1 《诺克斯兄弟》(1977)中理查德·霍姆的“序言”。

只有打破的时候才知道它们是什么。”

诺克斯对第二次世界大战给他的解码学术世界带来的变化感到不舒服。随着布莱切利庄园变成一种工业综合体，高层的变动令他沮丧。阿拉斯泰尔·丹尼斯顿带领的旧管理层更知道如何与诺克斯打交道，并充分发挥他的才能。通常的模式是，诺克斯会以辞职相胁：“亲爱的丹尼斯顿……这些统计数据（打孔的纸板破译表）必须马上交出来……我对此事的个人感受非常强烈，除非在周三晚上拿到材料，不然我将提出辞职”（1940 年 1 月）；“亲爱的丹尼斯顿……向你那套为他人收集材料的恐怖理论让步，对一个学者来说是不可能的……这让我根本没法在布莱切利庄园工作”（1941 年 11 月）。丹尼斯顿的特长在于坚决又谨慎地处理诺克斯的敲诈企图。“亲爱的迪利……很高兴你愿意对我坦诚相待……即使你真的设计了一辆超级劳斯莱斯，也没理由只能由你自己驾驶它……特别是当你还不是一个好司机的时候……你是诺克斯，一位誉满欧洲的学者，比任何人都更了解一台机器运作的原理。战争的紧迫性需要你的后一种天赋，尽管很少有人意识到它……我确实不同意你的观点。你永远的，A. G. D.。”信中的讽刺相当直接了：诺克斯曾在一次车祸中差点把自己弄残废。

丹尼斯顿也很了解诺克斯，知道他的状态不好。诺克斯在 1941 年 11 月的信中轻描淡写地开篇：“我正因一点小毛病在接受治疗。”这绝非什么小毛病，而是癌症的早期阶段。1943 年 2 月，诺克斯因癌症离开了世界，年仅 58 岁。梅维丝·利弗（Mavis Lever）到医院看望他的时候，看到“他的哥哥埃沃在床边，两个人正狂笑着编迪利的遗言”。

迪利·诺克斯，政府密码学校的首席破译员，也是英国向恩尼格玛机反击的领导者。

意大利和西班牙进行通信的恩尼格玛机与军情六处在1920年前后购买的机器略有不同。它的步进机制不一样，即在右手的转子经过一个完整的周期后，中间和左手的转子会继续前进，而且转子的内部线路也与商业售卖的机器不同。迪利·诺克斯没有被这些差异所吓倒。他估计，意大利人不喜欢信息以意大利语中的“to”开头：意大利海军之间就是这样处理密码信息的。如果是这样的话，字母P、E和R就永远不会出现在信息的前三个字母里，因为恩尼格玛机不会将一个字母按原样加密。这一恩尼格玛机安全性上的小瑕疵，足以让诺克斯使意大利版的恩尼格玛机门户大开。

诺克斯随后开发了一个“杆”（rodding）的方法，以找到恩尼格玛机使用者设置机器的方式。“杆”背后的原理是：只要“步进机制”没有启动，机器的中间和左边的转子所做的替换就不会改变。

对于长达 26 个连续字母的信息，恩尼格玛机唯一变化的部分是右侧转子的转动。这使诺克斯能够计算出左、中转子的每种组合可能，以及这些“静态”转子的转换效果。这些效果被写在小纸板杆上，再用纸板杆方法尝试出所用的转子和它们的起始位置，继而就可以破译信息了。

当 1939 年英国和德国爆发战争时，诺克斯在西班牙内战时取得的成功用处不大。问题在于，德军使用的是另一个版本的恩尼格玛机，它经过精妙地调整，有多样的内部线路——纸板杆的技术对此无计可施。不过当德国结束对法国的闪击战（blitzkrieg）后，意大利加入了战争，纸板杆就又获得新生了。

恩尼格玛机家族（1923—1941）

恩尼格玛机有着不止一种类型。在恩尼格玛机的传奇中，不同的版本分别出现在不同的时期，有着各自的用途。下文是一些简选。

1923 年：谢比乌斯的原始模型，需要用打字机打印出来。这一打印机制是它的致命弱点，谢比乌斯也很快用不能打印的“商业版本”取代了它。

1924 年：在斯德哥尔摩举行的国际邮政大会上，展出了第一部新型机器——恩尼格玛机 A 型，通过灯泡来显示加密结果。它有着现在为人熟知的键盘、灯和三个转子，每按一次键，转子就机械地移动一次。部分机型还配有额外的按键，以输入带有音调的字母：Å、Ä 和 Ö。

1927 年：有四个转子的恩尼格玛机 K 型开始发售，这是恩尼格玛机最主要的商业机型。第四个转子实际上是一个“反射器”，可以手动调节，增加额外的设置。

1929年：在德国军队的需求下，增添了插板作为额外的安全装置。这一基本型号是恩尼格玛机I型（供陆军和空军使用），海军的改良版为恩尼格玛机M1型。

1931年：德国军事情报局（Abwehr）推出了一种新机型——恩尼格玛机G型。它不带插板，但有四个转子，每个转子都有几个“周转缺口”，迫使相邻的转子移动一步。这台机器也有一个可设置的反射器和一个特殊的曲柄来驱动步进机制。

1941年：为德国海军的U型潜艇部队设计的四转子型号被投入使用——恩尼格玛机M4型。它保留了插板，而第四个转子是一个特殊的薄转子，只能在最左边的位置使用，并且在加密过程中不旋转。

坎宁安在马塔潘角海战取胜之时

战争开始时，诺克斯工作团队在布莱切利庄园主楼旁边的马厩院平房里开张了。他在此成立了一个研究部，负责处理最棘手的破译问题，而该部门最显著的特点是，工作人员几乎全部由年轻女性组成。其中一员梅维丝·利弗解释说，这并不是因为迪利是个好色之徒。所有成员都是由外交部令人敬畏的莫尔女士挑选的，她会首先对每个人进行面试。“迪利·诺克斯明确表示，他不希望要任何通过走后台进入布莱切利庄园的交际花。”他的候选人必须都是有资格成为语言学家或文学家的。他要找到能在千丝万缕中理出头绪的人才，就像他自己在前一次战争时对赫罗达斯的哑剧所做的那样。

梅维丝·利弗描述了她第一次来到布莱切利庄园的情景，诺克斯正在与其他大约八名女性一起工作。“他把烟斗从嘴里拿出来，抬头说：‘我们正在破解机器。你有铅笔吗？’……然后，他递给我一串杂乱无章的信息，上面满是紫色墨水的乱涂乱画，并说：‘来，试试吧。’……‘但这对我来说恐怕都是希腊语，’我绝望地说道。他却高兴地笑了起来，说：‘我倒希望它是。’当我发现他原来是一位杰出的希腊语学者时，我感到非常尴尬。”

梅维丝·利弗会成为诺克斯团队中最值得信赖的成功者之一。有一天，她恰好发现，在一份截获的信息中没有“L”这个字母。能够在一份胡言乱语的信息中注意到这一点，是十分了不起的；她立刻意识到，这是一份测试信息，内容是随便编的。感到无聊的恩尼格玛机操作员被命令随便发送点什么东西，于是他就一直按着机器上的‘L’键，加密的信息中才会没有L。梅维丝现在有了一个完美的“小抄”（crib）——被猜中的明文——她和小屋6号的一个叫基思·贝蒂（Keith Batey）的年轻人将从中推导出正在使用的恩尼格玛机设置。

梅维丝·利弗（1921—2013）

梅维丝·利弗是从伦敦大学学院来到密码破译领域的。她说这一切都源于德国宣传部长约瑟夫·戈培尔在1936年推广的游客假期。当时梅维丝还是个年轻女孩，她加入了“一群拿着免费门票的快乐德国工人”，在一趟沿莱茵河的蒸汽船旅行里“被灌输了一堆日耳曼英雄的神话和传说”，她玩得很开心，并决定学习日耳曼文学。战争爆发后，学院被疏散到阿伯里斯特维斯，在那里“我想为战争做出比在威尔士读诗更多的贡献，所以我说想当一名护士，但我被告知‘你的德语这么好，这太暴殄天物了’”。于是，梅维丝受到外交部的莫尔女士面试，并被派往伦敦圣詹姆斯公园附近的百老汇大楼，从事商业密码工作。当她发现了一批非法运往德国的货物时，她这一工作敏锐性被及时注意到了，于是她很快被调到布莱切利庄园迪利·诺克斯的小屋那儿。

战后，梅维丝继续留在政府密码学校（现在改名为政府通信总部），从事苏联密码的研究，直到1947年，她与在高级专员公署任职的丈夫基思一起前往加拿大，组建了一个家庭。20世纪60年代回到英国后，梅维丝开始了新的职业生涯，成为一名园林历史学家，一边写书和一边开展保护历史园林和景观的运动，反对推土机在乡间开辟高速公路。她因这项工作而获得了大英帝国员佐勋章（MBE），但是她对布莱切利庄园的迪利·诺克斯团队的贡献却没有收到任何表彰。

这些女性各自扮演了不同的角色：克莱尔·哈丁（Claire Harding）在某种程度上充当了办公室经理，考虑到迪利杂乱无章的个人风格，这大概挺有必要的。她组织出了轮班模式和工作分配，确保一切井井有条，她甚至还和伊丽莎白·格兰杰（Elizabeth Grainger）一起为艾伦·图灵准备了咖啡和三明治，送到他躲着的马厩阁楼里。这些“女孩”里还包括一位密码破译员的母亲巴兰塞夫人，她被请来担任茶水员，以避免迪利这种人“与暴脾气的茶壶做斗争”而发生意外。

这支队伍和梅维丝·利弗（之后成为梅维丝·贝蒂）在1941年3月取得了重大胜利。此时，意大利已经加入了德国的阵营，一场争夺北非主导权的战斗正在全面展开。英国需要保护苏伊士运河，而意大利则旨在控制整个地中海东南部。驻扎在亚历山大港的坎宁安上将决心阻断意军的补给（他们相当依赖本国的海运），同时保护负责支援补给埃及和中东地区的英国船队。东地中海是至关重要的海军战场，而意大利海

梅维丝·利弗，她的密码破译成就包括揭示意大利舰队行踪的信息，从而促成马塔潘战役的胜利。

军是主要的敌人。

意军使用的仍然是版本相对落后的恩尼格玛机，这让诺克斯的方法很容易奏效。坎宁安很幸运，意大利信号人员相当频繁地使用了一个词，“XALTX”，即意大利电文中的“停”。他们在每条信息的结尾都莫名其妙地写一个“停”字，并用无意义的“X”来填充密码组，使整条信息总是五个字母的倍数。这意味着一条信息可能以“XALTXXXX”的序列结束，这就为破译员们提供了一个相当好的参照。在迪利·诺克斯的带领下，女孩们制作了能从 XALTX 序列中得出转子信息的图表。

“3 月 25 日，”梅维丝·利弗说，“我们破译了一个非常简短的信号，基本没怎么掐头去尾——‘今天是 X 减 3’，但即使在这么短的信息中，操作员也插入了三个完整的停止。我们的 XALTX 图表发挥了作用，而且正如迪利打趣的那样，士气高涨到了一个新的维度。”这一信息被转发给了位于亚历山大的坎宁安。

坎宁安清楚日本领事在监视他的一举一动，所以他没有立即起航，而是去打高尔夫球，并确保日本领事听到他讨论当天的晚餐计划。当夜幕降临时，坎宁安悄悄回到船上，在晚上 7 点率领舰队出港。提前获知意大利海军将在 3 月 28 日进行重大行动固然很好，但如果英国地中海舰队“碰巧”出现在意军的行动地点，也未免太令人起疑了。因此，一架轻型侦察机被派去“发现”意大利人——为成功拦截和攻击意大利舰队提供了理想的掩护。这场战役被称为“马塔潘角之战”，它是战争中英国海军的首次绝对胜利，也宣告了意大利海军在地中海统治地位的终结。

人们在布莱切利庄园举行了庆祝活动，尽管那架侦察机获得一切名誉上的功劳。新闻里到处都在欢庆成功，女孩们也很想与家人一同分享——当然这是完全禁止的。但是坎宁安知道到底是谁帮他取得了胜利，所以亲自来到布莱切利庄园感谢团队。姑娘们和这位海军上将玩了一个糟糕的恶作剧，鼓励他穿着一尘不染的海军蓝制服靠在一面刚粉刷过的墙上，他的反应不得而知。诺克斯则创作了一些诗句，称赞了他的女性团队中的每一个人，同时暗讽了一番那架大出风头的侦察机。要说有些韵律值得诗人赫罗达斯一看，也不为过。

有为克莱尔・哈丁写的：

坎宁安在马塔潘取胜
有神和克莱尔相助
是她为侦察机指路
从空中将敌舰探明

为菲莉达·克罗斯（Phyllida Cross）写的，韵律特别糟糕：

坎宁安在马塔潘取胜
有神和菲莉达相助
让她本就惊人的意志
变得更为强大

给梅维丝用了典故：

坎宁安在马塔潘取胜
有神和梅维丝相助
天国也在称颂
这稀世的黑天鹅[1]

茶水员也没有缺席：

坎宁安在马塔潘取胜
有神和巴兰塞夫人相助
陋室之队实属
各路鸿儒聚一堂

这还不算完。平时总是很尖刻的 W. F. 克拉克（此时已经是小屋 4 号意大利海军部的负责人），补了一段他的版本，以正确地论功行赏：

1　诺克斯这首小诗的最后两句中使用了拉丁文，原文注：Nigro simillima cygno est（如同一只黑天鹅）。

坎宁安在马塔潘取胜
有神和迪利相助
他是一切的幕后头脑
不该被遗忘
他会被遗忘吗?

杠杆与石头

无论这一招聘方法背后的动机是什么,诺克斯的职工们(有时被不正确地形容为“迪利的小母马”)中有些尤为杰出的人才。其中最出色的是玛格丽特·罗克(Margaret Rock),她是一位数学家而不是语言学家。她于1940年4月加入了女孩团队,而在对意大利海军的成功作战后过了一段时间,她就在一个新的恩尼格玛机问题上大放异彩。

玛格丽特·罗克(1903—1983)

1940年4月,加入布莱切利庄园小屋的研究分部,时年37岁的玛格丽特·罗克不应该被算作诺克斯的“女孩”之一。当时,她已经是一位受人尊敬的统计学家,自大学毕业以后,一直为现在的英国工业联合会工作。

玛格丽特很幸运地被安排在朴次茅斯的一所学校,这所学校鼓励女性在那些20世纪初对她们而言尚属禁区的领域取得成就。因此,当玛格丽特展露出数学方面的天赋时,她得以进入伦敦的贝德福德学院获取数学和法语学位。这使她在毕业后从事统计学方面的工作。

布莱切利庄园则为她的职业生涯提供了新的方向。她初尝胜果是与迪利·诺克斯一起研究德国军事情报局版本的恩尼格玛机。她还被派去参与一些不为研究部门其他成员所知的秘密项目。战争结束后，她被授予大英帝国员佐勋章，并继续在政府通信总部工作，直到65岁退休。这时，她与其一生挚友诺拉·谢沃德（Norah Sheward）住在一起（谢沃德总是被描述为“一个专横跋扈的女人，与玛格丽特的沉着自信形成对比”）。在她退休十年后，布莱切利庄园的故事开始流传出来，但这和玛格丽特的关系不大，她受到在政府通信总部工作的影响，知道保持沉默的重要性。不过，直到去世，她都始终保持着与梅维丝·利弗（现在是梅维丝·贝蒂）的友谊。

事实上，当意大利在1943年退出轴心国时，布莱切利庄园的意大利海军情报工作就结束了。文森特教授和他的团队，包括剑桥大学国王学院的帕特里克·威尔金森，被重新安排去负责日本密码。然而，对于诺克斯的小组来说，工作没有停止。因为在1941年中旬，来自一个“外围恩尼格玛机”的材料数量已经积累到了诺克斯的研究部门可以着手处理的水平。

这一通信在1939年底首次被观察到。尽管它在一个类似恩尼格玛机的设备上加密，但与标准的军用恩尼格玛机不同。诺克斯的团队研究出了这种机器的结构。它有四个转子，每个转子都有更多的周转槽口。特别是，与固定的军用恩尼格玛机不同，这台机器的“反射器”可以为不同的信息“设置”不同的位置。它没有插板，这减轻了密码破译者的工作。很快，他们就能破解出信息接收者是如何确定转子方向的，从而揭露出新型恩尼格玛机的奥妙。秘密在于，多个周转槽有时会导致所有四个转子一起踏上。诺克斯以其独特的爱丽丝梦游仙境风格，将这些现象命名为“螃蟹”和“龙虾”。“狩猎开始了，氛围正好，”诺克斯给丹尼斯顿写信道，“在捕获的龙虾里有一只特别不错的，通过利弗女士两天的精心钻研，成功地评估……确定了正确的转子。”一旦找出转子的线路，就可以正式开始破译密文了。

人们很快就发现，这些不寻常的恩尼格玛机器是由德国军事情报局使用的，内容多是指示当地工作站提供德国所需的情报，以及对情报的反馈报告。这为增进对德国人及其弱点的了解提供了重要见解，促成了一个全新英国特殊情报种类的建立：“诺克斯情报服务”（Intelligence Services Knox，ISK）。实际上，布莱切利庄园的内部人士把这个简称改写为“诺克斯的非法服务”（Illicit Services Knox），因为德国军事情报局总是在它不该待的地方活动。ISK 是迪利·诺克斯的绝对胜利，尽管他没能坚持到亲自看见它为战争所做出的一切贡献。

德国军事情报局特工使用的是手写密码，而不是恩尼格玛机；这些密码也被奥利弗·斯特拉奇领导的布莱切利小组成功破解（见第一章）。由于分析手写密码与破译机器密码的本质不同，这一部门被从 ISK 中分离出来，取名为 ISOS，意思是“奥利弗·斯特拉奇的情报（或非法）服务”。同样，ISOS 分析出的材料也是无价的。

特别是，ISK 提供了 1942 年德国人在直布罗陀海峡的观测细节。当时阿拉曼战役正进展得如火如荼，美国和英国军队在为登陆北非的计划（火炬行动）做准备工作。而当德国人被赶出北非，盟军开始计划入侵西西里岛时，ISK 的情报仍在发挥作用，而这必须尽可能地加以掩饰。通过监视德国军事情报局的动向，ISK 能确认所有的掩饰行动都成功地瞒过了德国人，包括著名的“不存在的人”：一具装扮成情报人员的尸体，携带（假的）计划，故意被冲上西班牙海岸。

ISK 和 ISOS 还让英国人能够在战争后期确认掩饰行动的成功，特别是在诺曼底登陆前，关键环节就是促使德国人相信登陆北欧的主力部队将取道多佛尔海峡，以让德军在该地区保留一支重要部队，从而减轻诺曼底登陆的压力。掩盖盟军意图的复杂行动再次上演：由在英国的“德国间谍”向德国军事情报局发送报告，而这些间谍实际上是为英国情报部门工作的。对布莱切利庄园而言，一览无余的德国军事情报局密电显示出，这些诱骗都取得了成功。

到这时，迪利·诺克斯已因1941年开始的癌症辞世了。然而，正是在他的领导下，梅维丝·利弗与她未来的丈夫基思·贝蒂，以及玛格丽特·罗克一起，破解了德国军事情报局的恩尼格玛机。正如诺克斯所说：“给我一个石头（Rock，罗克）和一个杠杆（Lever，利弗），我就能撬动宇宙。”

在迪利只能因病卧床后，团队的领导权交给了彼得·特温（Peter Twinn），他自1939年开始就在布莱切利庄园工作。特温在布莱切利庄园的第一项技术成就，是关于另一个恩尼格玛机问题——重要的德国国防军版本。不过，他更伟大的成就或许是为抵达布莱切利庄园的数学家们充当飞行员。据传特温是第一个来到这里的数学家。他后来说：“他们认为数学家确实是些很奇怪的生物，需要被说服才能相信自己确实能帮上什么忙。”然而，正是针对恩尼格玛机的数学成就建立了布莱切利庄园的战后声誉，并为战争期间了解德国的军事意图做出了巨大贡献。在战前不久，包括迪利·诺克斯在内的英国人都对德国国防军的恩尼格玛机知之甚少。正如剑桥大学国王学院的破译者之一克里斯托弗·莫里斯所报告的那样，1940年的一天，阿拉斯泰尔·丹尼斯顿对弗兰克·伯奇说：“要知道，德国人写这些可不是为了让你读懂的，而且我也认为你永远都不会读懂。”当时的形势就是如此严峻。解决这个问题不仅会使布莱切利庄园声名鹊起，而且会使布莱切利庄园的一位数学家在未来成为家喻户晓的人物。不过要讲清楚这个故事，还得从头说起。

彼得·特温（1916—2004）

彼得·特温是首位读取恩尼格玛机加密后德国情报的英国密码学家。从迪利·诺克斯处获取德国国防军恩尼格玛机内部线路这一关键信息后，特温得以解决编码转子的线路问题，并开始阅读 1938 年截获的一些旧信息。这虽然没有什么军事价值，却是英方技术能力上的重大飞跃。

特温进入政府密码学校的方式有些不同寻常，他在 1939 年初以回复一则广告的方式申请了这项工作。那则广告在为政府工作寻找数学家。当时他在牛津大学获得了数学学位后，正继续攻读物理学的研究生。在搬到布莱切利庄园前，特温就加入了研究恩尼格玛机的政府密码学校团队，而战争爆发后，他与诺克斯和图灵密切合作，研究恩尼格玛机密码分析所需的机器技术。他回忆到，诺克斯“不打算在培训助手上浪费太多时间。他做了个五分钟的介绍，然后告诉我开始干活”。

战后，特温在公职系统内的多个部门间辗转，包括技术部和皇家飞机研究所。他还对昆虫生物学产生了兴趣，用高速摄像机研究叩头甲的跳跃。这还带来了一个尴尬的故事：军事警察在范堡罗的跑道上逮捕了特温，这套收集叩头甲的说法对警察来说过于离谱。更尴尬的是，警察很快就发现这名罪犯实际上是他的顶头上司。

在昆虫学家的身份之外，彼得·特温还是一位音乐家，演奏中提琴和单簧管。通过在布莱切利庄园演奏音乐，他结识了妻子罗莎蒙德——一位大提琴家，也是布莱切利庄园的同事。特温总是淡化自己在恩尼格玛机密码破解中的作用，说“这不过是例行公事罢了”。

第四章

炸弹小队

1938年9月9日，约翰·提尔特曼上尉（John Tiltman，见第六章）总结了英国当时对恩尼格玛机问题的认识水平。“1931年，法国方面向我们提供了德军恩尼格玛机密码机的照片和使用说明。这些照片中展示出一个位于机器前侧的部件，但面向市场的型号上没有它……是否能请法国人向我们提供他们关于以下几点所掌握的一切信息？第一，所有增添的、和市场型号不同的部件的全部细节。第二，军方在以下问题上是如何处理的……”随后是一份长长的清单。而到了第二年的春天，政府密码学校的英国人也没能掌握更多答案；尽管法方很乐于助人，但他们并没有提尔特曼上尉想要的答案。而如果得不到这两个尤为关键的信息，迪利·诺克斯在西班牙内战期间为意大利和西班牙的恩尼格玛机精心开发的技术将对德国人毫无用处。

诺克斯急需知道的两件事是：照片中插板的实际作用，以及通往“皇冠”的线路是如何与机器其他部分相连接的。“皇冠”是一个电气入口板——法国人称之为“固定冠”（couronne fixe），是一套环形的电力连接，将电流从键盘引入转子组。在提尔特曼提到的商用机器中，按Q键可以将电流导入冠状结构中的A接口，按W键可以导入B接口，E键导入C接口，以此类推。在德国国防军使用的版本中，则采取了一种不同的接线模式。而如果不是Q-A、W-B、E-C的规律，国防军版机器就一共有403 2914 6112 6605 6355 8399 9999种接线可能，没有任何人能有时间和耐心逐一测试。按照德国键盘上字母的排布顺序，这个难题被称为“QWERTZU”。

事实上，从这个命名就能看出，英国人对恩尼格玛机的接线方式知之甚少。键盘的字母排序是一个次要问题，因为这种接线不是像商业机器那样直接从键盘连到机身的：必须先通过插板。因此，皇冠接线问题的关键其实是皇冠与插板间的连接方式。即便如此，英国人也必须要更深入地了解这个机器，因为希特勒来势汹汹的举动升级成了对捷克斯洛伐克的全面占领，并在1939年春天撕毁了《慕尼黑协定》。尽管有与法国的合作，政府密码学校在信息上的匮乏还是一直持续到了夏天。

我们拥有QWERTZU，我们共同前进！

然而，到了1939年9月，当德国坦克以首场闪击战跨过波兰时，诺克斯领导的一个新团队已经开发出了一项令人惊叹的技术的基础，该技术将贯穿整个战争，并使英国人几乎每天都能破解恩尼格玛机信息。在这一紧要关头，恩尼格玛机密码破译的命运是如何能于短短几周内发生如此彻底的转变？

要回答这个问题，我们还得回到更早的时候。准确地说，是1931年6月。当时，一个德国人走进法国驻柏林大使馆，兜售他的材料，其中就包括新编军用版恩尼格玛机操作程序的说明书。法国人在情报官员古斯塔夫·伯特兰（Gustave Bertrand）的带领下，上钩了。那个代号为灰烬（Asche）的德国人还将在未来几年内提供大量其他情报，法国人为这些文件支付了丰厚的费用，然后沮丧地发现，他们的密码专家无法从获取的小册子中得到最关键的信息：机器的内部线路。然后，正如提尔特曼上尉尽职尽责地指出的那样，这些文件被伯特兰提供给了英国人，他们也一无所获。但法国人还有第三个选择——将文件提供给同是盟友的波兰人。这一次，文件被热情地接受了，尽管法国人被蒙在鼓里，无法得知波兰人是否从文件中获取了什么有价值的东西。

原来，波兰团队里有一位名叫马里安·雷耶夫斯基（Marian Rejewski）的数学家，他迅速将恩尼格玛机问题提炼成了一套方程式。这绝不是普通的方程，解决起来相当棘手。而且连马里安·雷耶夫斯基

马里安·雷耶夫斯基，波兰数学家，通过应用数学分析逆向复原了恩尼格玛机器。

也需要后来被诺克斯称为“QWERTZU 问题”的答案。但雷耶夫斯基解决这一问题的方法很简单：他猜测德国人大概没什么想象力（或者说做事有条不紊），于是尝试将 Q 与 Q、W 与 W、E 与 E 等等一对一地连接起来。这时，他的方程式似乎得以顺利解决了。随后，雷耶夫斯基继续重建编码转子中的线路，并因此得以在纸上复制出恩尼格玛机器的整个操作。从那时起，即在 1932 年，波兰人就开始研究各种技术和设备，以确定德国人每天是如何设置他们的机器的：什么样的转子顺序，哪些交叉插接，哪些环形设置，以及哪个转子字母是最重要的。

与此同时，波兰与法国的联盟，以及在 1930 年代末与英国的联盟也正在进展。法国人耐心拉拢军情六处，并通过军情六处的二把手斯图尔特·孟席斯（Stewart Menzies）联系政府密码学校，建立了一个三方的密码与破译联盟，以分享关于密码破译的知识和情报，其中包括来自政府密码学校、法国总参谋部二局和波兰军情局密码处的专家。这始于 1939 年 1 月在巴黎举行的一场没什么成果的会议，但至少三个国家的密码破译员得以彼此接触。波兰代表团当时还无权透露他们在那个英法都迫切得知的问题上的突破，即恩尼格玛机的内部结构。尽管对此已有所认知长达六年，波兰人未曾透露分毫——虽然他们的确答应“如果有什么发现”的话，就会再召集一场会议。

7 月中旬时，波兰人意识到，来自德国的威胁是刻不容缓的。而通过拉近与英法的关系，这两个国家在捷克斯洛伐克危机期间给予的一纸承诺就可以转化为真正的军事合作项目。而要换取这一点，就需要那个波兰人心知肚明另外两国都急需的秘密。他们拍了一封电报：有发现了。于是另外两个代表团（法方是伯特兰，英方是丹尼斯顿和诺克斯）被邀请前往华沙了解情况。

出乎这些客人们意料的是，波兰人已经解决了一切。雷耶夫斯基不仅厘清了排线方式——向难以置信的诺克斯解释他是如何做到的——

而且这个团队，包括解码数学家杰尔兹·罗佐基（Jerzy Rozóżycki）、亨里克·佐加尔斯基（Henryk Zygalski），以及解码工程师安东尼·帕卢斯（Antoni Palluth），发明了一系列令人惊叹的机器和纸面方法，用于寻找恩尼格玛机每天的设置。波兰人向盟友展示了他们的机器以及其工作原理，并承诺向两个访问代表团各送去一台复原的恩尼格玛机器（装在外交邮袋里）。他们把一切都解释得清清楚楚。

诺克斯从被击败的沮丧中恢复过来，变得兴高采烈。这几乎肯定是他一生中唯一一次在他所专长的智力问题上被击败。他说："我们有QWERTZU，我们一起前进！"几周后，当法国团队将复原的恩尼格玛机从巴黎带来时，又爆发了一次欢腾的情绪。孟席斯在维多利亚车站接见了这列船，他在晚宴外套的扣眼里戴上了他的荣誉军团勋章。"盛大欢迎！"古斯塔夫·伯特兰说道。

波兰四人组

安东尼·帕卢斯（1900—1944）

马里安·雷耶夫斯基（1905—1980）

杰尔兹·罗佐基（1909—1942）

亨里克·佐加尔斯基（1908—1978）

安东尼·帕卢斯是波兰首位——很可能也是全球首位——试图解决恩尼格玛机难题的密码破译员。在某种程度上，正是他的失败带来了波兰军队密码局招募数学家的决定，并首先在1929年的波兹南举办了一个业余课程，用于甄别有潜力的年轻破译员。

三个表现最出色的人——马里安·雷耶夫斯基、杰尔兹·罗佐基和亨里克·佐加尔斯基被录取了，但直到能接触汉斯－提罗·施密特获取的文件时，雷耶夫斯基才得以破解恩尼格玛机问题的谜团。一旦他对机器进行了逆向设计，帕卢斯就可以将之重建，整个团队便能继而研究技术来确定德国军队是如何设置机器的。罗佐基和佐加尔斯基在这方面是专家，而帕卢斯也密切参与，将这些概念转化为硬件。

战争爆发后，这个团队需要逃离被占领的波兰。尽管丹尼斯顿试图在1940年将三位数学家带入布莱切利庄园团队，但都没能成功。只有雷耶夫斯基和佐加尔斯基足够长寿，得以见到第二次世界大战中最大的秘密被公开。罗佐基和帕卢斯都在战争中过世了。

莱奇沃思的联系

有QWERTZU的答案在手，英国人理论上可以开始破译密码了，正如彼得·特温（见第三章）在得知细节后不久所做的那样。但要实时破译加密信息，就需要类似波兰机器的技术方法，来找到德国恩尼格玛机操作员目前使用的设置。这逐渐产生了一个新问题。

波兰的技术，特别是他们称为“bomba”的密码破译机，依赖于一种很可能会被终止使用的德国操作程序：以编码的形式向信息接收者发出信号，即恩尼格玛机器的三个转子应该如何定向以开始加密传输。密码的内容并不复杂，只是三个在起点的最上方位置可以看到的转子字母，重复两遍（以防接收不良），并使用恩尼格玛机进行加密。波兰人在设计bomba时利用了这一重复加密的“指示器”序列。但是，如果德国人发现指示器的重复加密是一个安全缺陷，那么他们可能会停止这种做法，bomba的方法将在一夜之间变得无用。

诺克斯从华沙一回来，就再想检查一下雷耶夫斯基解释的数学方法，为此他咨询了特温和另一位在丹尼斯顿编写的“紧急教授名单”上的数学家。他就是艾伦·图灵，自1939年1月加入政府密码学校入门课程以来，他一直在断断续续地研究恩尼格玛机问题。图灵认为，应该可以按bomba背后的思路设计出一种不依赖双重加密的新装置。图灵很熟悉诺克斯的方法，即使用杆来寻找基于“小抄”的恩尼格玛机设置（“小抄”指猜测预设密码信息文本的方法），图灵利用bomba中使用的电子机械测试概念，发明了一种全新的机器，名叫“炸弹机”（bombe）。这一名称是为了纪念波兰人在英国对抗恩尼格玛机的战斗中所给予的支持。

艾伦·图灵（1912—1954）

艾伦·图灵的故事已经被讲述了很多遍，尽管图灵在布莱切利庄园破解恩尼格玛机中发挥的个人作用往往被夸大了。很多年来，他都是以在其他领域的成就而出名的。但是当布莱切利庄园的事迹爆发出来以后，图灵的故事也引发了关注。

在图灵小时候，他的父母被派驻到印度，于是家中的两个孩子被安排在英格兰的一个寄养家庭。在那里和学校中，年轻的图灵得以充分探索他对科学和自然的兴趣。他在剑桥大学国王学院学习数学，并以最高成绩（B-star wrangler）完成学业，还获得了一串大学的划船奖杯。

正是在M. H. A.纽曼教授的数学基础课程上，他的首个，也是影响最久远的天才创举出现了。这是一个用于计算的可编程机器的想法——它可以根据输入的指令来改变其任务。这个概念（在当时还是一个纯粹的理论）不仅解决了数学理论中的一个巨大的未知数，而且还创立了一门新的数学学科，现在被称为可计算性（Computability）。而对于非专业人士来说，它则为“二战”后开始建造的所有可编程计算机奠定了理论基础。

结果不令人惊讶，战争结束后，图灵立即被国家物理实验室聘请设计英国的自动计算引擎。这一设计在几个月内就完成了，但与炸弹机项目的执行情况不同，要等到数年后才开始制造。事实上，它直到图灵去世后几年才开始运行。之后，图灵继续投身于编程语言设计和程序编写。他还得出结论，机器可以被编程以进行学习行为，并写了一篇相关论文，但由于内容太过玄妙，英国国家物理实验室在二十年后才将之公开发表（同样，也是追授的）图灵还发起了一场关于机器是否能思考的有争议的辩论，以及著名的“模仿游戏”测试，至今仍在吸引着人们。

到了1940年代末，图灵在纽曼于曼彻斯特大学建立的计算实验室找到了一份新的工作。在那里，他逐渐从计算机设计转向一个新的研究领域：生物的形态和发展。他对植物和动物组织中可能发生的化学过程进行建模，用计算机预测动物皮肤的图纹形态，以及植物的茎会在哪里分支。

1952年，他因“严重猥亵”（私下的同性恋性行为）被捕。图灵没有被宣判进监狱或被罚款，而是被判处缓刑，条件是他要接受“治疗”，其中包括一个合成雌激素的疗程。1953年这个疗程已经结束，但在1954年夏天，他决定以自己的方式结束生命。人们不可避免地将定罪和自杀联系在一起，尽管这之间的因果关联并不充分。

艾伦·图灵，也许是布莱切利庄园最出名的破译者，他的机电炸弹机破解了恩尼格玛机的日常设置。

在布莱切利庄园的故事流传开后，艾伦·图灵变得越来越出名，以至于政府采取了一系列举措，试图文过饰非：官方道歉，然后是皇家赦免，又于2019年，让他的肖像登上50英镑纸币。一系列关于艾伦·图灵的传记、戏剧、大合唱、雕塑和故事片开始出现，而在他100周年诞辰之际，大量的会议和座谈会都集中关注他在学术思想上的贡献——这很可能也是图灵最希望被铭记的内容。

炸弹机的根本原理是，它将大费周折地试遍三个恩尼格玛转子的所有17,576个可能位置，依次测试每个位置是否是被拦截的信息的起点。如果找到一个起点，在这个起点上的每一个字母都可以按照截获的信息进行加密，机器就会停止，于是或许就能确定恩尼格玛机的1.5亿个设置中的一个。但图灵的炸弹机要比从可能的加密起点找起更进一步：它还能识别插板上的一个交叉插头，这就使它比波兰的前辈强大得多。

英国炸弹机（1949—1959）

英国的炸弹机（bombe）是从波兰的bomba中衍生出来的，它自动搜索数以千计的可能设置，以确定可能被用于加密的转子的一个合理设置。把这一电子机械的想法与迪利·诺克斯在基于人工攻击恩尼格玛机时使用的“小抄”技术结合起来，就形成了相当强大的新一代密码破译机。

在炸弹机生产的高峰期，莱奇沃思每周都能制造一台。英国总共生产了200多台这种机器。每台都有19千米的电线，长约2米，高近2米，宽60厘米，重量约为1吨。每台机器的成本相当于三分之一架兰开斯特轰炸机。这些机器需要重型电力供应，而且其精细的运作部件也要求持续的维护保养。

炸弹机的设计是一个系列，就像有不同类型的恩尼格玛机一样。有用于德国军事情报局恩尼格玛机通信的特殊炸弹机，也有用于德国海军信息的高速四转子炸弹机，以及在战争结束前，当一种带有可插拔反射板的新型恩尼格玛机威胁要投入使用时，随即发明了一种将四台炸弹机成功安装到在一起工作的怪物机器上，被恰当地命名为“巨人”（Giant）。

战争结束后，炸弹机不再那么有用，于是很多都被拆除了，不过不是全部。显然，一些外国的机构——特别是东德的秘密警察——继续依靠恩尼格玛机来加密通信。因此，这项技术还没有被完全淘汰。政府通信总部保留了50台英国机器，但到了1959年，这些机器已经很久未使用过，幸存下来的也都报废了。

不过故事还没结束。1995年，一位名叫约翰·哈珀（John Harper）的退休工程师开始通过政府通信总部向布莱切利庄园发布的旧图纸和记录，重建炸弹机。他的坚持和奉献精神使复原的炸弹机在2007年投入使用，这距离上一次炸弹机的运行已经过去了50多年。于是在布莱切利庄园的国家计算机博物馆，还可以看到被重建的炸弹机正在运行。另有一台采取不同设计的美国“二战”时期四转子炸弹机，仍可以在马里兰州米德堡的国家密码博物馆看到，不过它已经无法工作了。

原理就是这样了。接下来要做的就是把这个想法变为工程上的现实。艾伦·图灵肯定不是干这个的人选。一旦确定了工程公司，任务就落在了彼得·特温身上。被选中的是一家拥有在英国制造和销售万国商业机器公司（IBM）“霍列瑞斯”打孔机许可权的公司，即位于莱奇沃思的英国制表机公司（British Tabulating Machine Company，“BTM”），距离布莱切利庄园约50公里。英国制表机公司的首席工程师是哈罗德·基恩（Harold Keen，见第八章），因为他总是把工具放在一个医用包里，也被大家称为“医生”。在接下来的6年里，基恩“医生”将密切参与英国最大的秘密：破解恩尼格玛机的机器。

从1939年秋天开始，基恩和特温开始设计研发英国炸弹机的原型。会议是在白金汉宫的白鹿旅馆举行的，会上他们一致同意，英国轰炸机的构造应当被建造成10台恩尼格玛机连在一起的样子。（事实上，后来造出的标准“炸弹”机至少类似36个恩尼格玛机。）该机器的核心是3组“鼓”——它们的作用与恩尼格玛机转子完全相同，每组鼓都进行与恩尼格玛机转子一样的动作。每组鼓（在布莱切利庄园

一张战时拍摄的炸弹机照片，能看到3组复制了恩尼格玛机转子行为的“鼓”。

被称为“莱奇沃思恩尼格玛机”）可以在炸弹机的后面接线，以进行图灵设计的密码测试。凭借基恩的工程技术，炸弹机将能在 10 分钟出头的时间里测试完所有 17,576 种可能的转子位置。为了做到这一点，鼓必须能完成精确的电接触，当鼓绕着机器外壳上的电接触点旋转时，电接触会被打破并重新连接。这是用小钢丝刷完成的，如果从机器上取下滚筒时刷子弯曲了，触点将无法正常工作，结果就会出错。负责操作炸弹机的政府密码学校女性员工们习惯准备好眉毛镊子，以确保出问题的刷子能正确对齐。

1940 年 4 月的第一个星期迎来了西线战争的开始。德国军队开始入侵挪威，而不久之后，盟军也试图做同样的事情。到月底，英国人不得不开始撤退，这对盟军来说不是一个光荣的时刻。但基恩的炸弹原型机也在同一个月内准备就绪，并在布莱切利庄园的 1 号小屋里进行了调试。

与挪威战役一样，要学习的东西还有很多。艾伦·图灵炸弹机的问题在于，它总是会停下。从理论上讲，停止是一件好事：因为当机器发现一个值得深入调查的合理转子组合时，它才会停下。但是，停的太多就意味着要做的调查过多。这一问题可以通过非常聪明的布线模式来规避，将“莱奇沃思恩尼格玛机”的设置连接成环形回路，但是很难有“小抄”或窃听的组合能实现这种形式的设置。或许是图灵炸弹机的设计搞砸了。

其实也不算彻头彻尾的失败。在 5 月和 6 月里，它成功地破解了一些海军的恩尼格玛机设置，只是在这段时间里，人工破解恩尼格玛机的方法显得更有成效。而且也必须采取更紧迫的行动，因为德国人自 5 月 1 日起改动了他们的加密方法，在那天，他们停止使用曾被波兰人成功利用的双重加密指示序列。旧技术顿时就被淘汰了。图灵的炸弹机必须做出彻底的改进；传统的人工方法过于依赖德国人的操作错误——虽然是个常见现象——但无法保证大规模的稳定解码。

对角线板

它其实不成对角线，甚至也不是一块板子，但确实是个出色的发明。来自剑桥大学的数学家戈登·韦尔什曼在抵达后，就被“放逐”到布莱切利庄园后方的学校街区，但他并没有彻底脱离恩尼格玛机问题的圈子。韦尔什曼一直在研究呼叫信号和信息前导码，它们使信息可以根据来源脉络进行分类，从而推出其共享的恩尼格玛机设置。他也始终对炸弹机项目抱有兴趣。有一天，他突然意识到，更多的环路——也就是能使炸弹机更易接线并减少停止所需的电路——可以用一个简单的额外电气工程部件来达成：对角线板。

韦尔什曼的“对角线板”想法基于关于恩尼格玛机人尽皆知的基本事实：它是一一对应的。如果信息的发送者输入 A 后 Z 的指示灯亮起，就意味着当信息的接收者键入 Z 时，A 的指示灯一定会在解码过程中亮起。因此，在插板上，任何一对交叉插头也是对等的。对角线板以电子形式再现了对等性：如果炸弹机正在进行的电子测试是在往一个方向（如 Q → K）尝试交叉插接，它就应该同时测试相反方向（即 K → Q）。韦尔什曼向图灵展示了他的想法，把它画成一个面板，或者说是棋盘，在两个维度上有着斜向交叉的电线。图灵一开始愣住了，但很快意识到这正是炸弹机需要的改进。

戈登·韦尔什曼（1906—1985）

艾伦·图灵和戈登·韦尔什曼可能看起来没有太多的共同点：图灵是同性恋，韦尔什曼肯定不是；韦尔什曼是一个井井有条并很有能力的管理者，图灵肯定不是；韦尔什曼相当喜欢美国，以至于加入了美国国籍，而图灵据传“憎恨”美国，等等。

但在1983年写就的一篇名为“深入回顾”的文章中，戈登·韦尔什曼发现他们的生活中有一些奇怪的相似之处。两人都是剑桥大学的数学家；他们都与发明用以破译德国恩尼格玛机日常加密设置的炸弹机密切相关；都因在布莱切利庄园的功绩获得了大英帝国官佐勋章（OBE）。在战后，也都因为当时在他们眼中十分荒诞的理由，被剥夺了安全许可（security clearance）。

韦尔什曼是在1939年9月头几天来到布莱切利庄园的，那正是教授们蜂拥而至的时候。他被安排在布莱切利庄园主楼后面的一栋学校建筑里进行通信分析。他很快就意识到，可以从这些在今天被称为“元数据”的通信中收集到大量的信息，这些信息与加密通信一起发送。他和恩尼格玛机团队保持着松散的联系，为提升炸弹机的效率做出了巨大贡献。

不过，也许他在布莱切利庄园最大的贡献是在行政方面：小屋6号（即陆军和空军的密码部门）以及1943年成立的机器协调和发展部门的负责人。正是韦尔什曼，将布莱切利庄园组织成一个高效的机构，能从大量的解密文件中实现情报的无缝传递——这个想法在战争初期会被认为是荒谬的，因为当时破解恩尼格玛机还是一场未经尝试的赌博，许多军官都认为重要行动会以静默无线电的方式来保密。

战争结束后，韦尔什曼没有回到剑桥，而是加入了约翰·路易斯合伙公司的管理层，之后则前往美国为MITRE公司工作，该公司是麻省理工学院的一个分部，为机密国防计划提供建议。到了20世纪70年代，布莱切利庄园的战时成就开始流传后，韦尔什曼也撰写了他自己的恩尼格玛机破译记录《小屋6号的故事》（*The Hut Six Story*），并因此受到了英国人的谴责。因为（即使已经过去了40年）这被认为是严重违反了《官方保密法》。他因此被剥夺了安全许可，不能继续在MITRE工作。

戈登·韦尔什曼，数学家，炸弹机的设计者之一，后来成为布莱切利庄园机器协调部门的负责人。

这一额外的对角线板所需要的设备数量是微不足道的："医生"基恩将这些交叉线路绕成一串，恰好能整齐地放在炸弹机的一侧。因此，它最终看起来更像是一条长长的直发辫，而不是一块对角线板。新型炸弹机被命名为"Aggie"，即"天主的羔羊"（Agnus Dei）的简写，它于1940年8月8日抵达小屋1号。法国已经沦陷，对英国的入侵迫在眉睫，但改进后的机器发挥了功效。它很快就捕获了德国空军恩尼格玛机的设置。这来得正是时候，8月10日，德国宣布正式开始对英空战，声称三天后将有1485架德军飞机发动攻击。但第二天，布莱切利庄园的解密文件就告诉温斯顿·丘吉尔，在确保空中优势之前，德国是不会入侵的。由炸弹机提供的恩尼格玛机解密信息开始显示出其威力。

温斯顿·丘吉尔对来自布莱切利庄园的秘密情报产生了极大的兴趣。如果说知识就是力量，丘吉尔就知道如何将知识转化为力量。他每天都会收到来自布莱切利庄园的解密文件，这些文件是由战争爆发后不久成为秘密情报局（MI6）负责人的斯图尔特·孟席斯提供的，于是丘吉尔就能用这些不为人知的事实"轰炸"他的随行人员，从而在争论中取胜。1941年9月6日，丘吉尔访问了布莱切利庄园，在各个小屋里轮流给破译员们做动员讲话。W. F. 克拉克以他特有的辛辣口吻记述了这次访问：

> 温斯顿向我们发表了一番动人的感谢辞，然后前往布伦海姆吃午饭。他是在惯常的车队中抵达的，彩旗飘飘，当地居民肯定都看到了。午餐时，布莱切利庄园的员工们都一窝蜂地涌到镇上，他们毫无疑问跟各色人等都聊到了这次访问。而当天下午晚些时候，一份命令传下来了，说丘吉尔的访问必须要保密。

丘吉尔先生的来访对士气当然有好处——只是实际状况并不像一场首相访问可能暗示的那么完美。恩尼格玛机项目固然是布莱切利庄园的明星成就，但在 1941 年，提供给它的资源严重不足。

邪恶的叔叔们

下文叙述的这件事极为严重地违背了协约，是对上报程序的逾越，在军事法庭中会被判为不服从行为，而且相当不礼貌。而对肇事者来说幸运的是，他们不是海军成员，而且这次逾越的上司是丹尼斯顿中校：他的海军委任状是志愿后备军。换句话说，他是一个穿着制服的平民。然而要越过他，用一封状告信直接找到最高层，需要的是勇气和不按常理出牌，这是人们不太会从一群研究密码学艰涩问题的教授们身上预见到的。

布莱切利庄园，小屋 6 号和小屋 8 号，
1941 年 10 月 21 日。

亲爱的首相：

几周前，我们有幸遇上您的来访，并且深信您认为我们的工作至关重要。您也很快就能见到，得益于特拉维斯中校的投入和远见，我们已成功装配用于破译德国恩尼格玛机密码的炸弹机。然而，我们认为您有必要了解到，这项工作目前被搁置了，而且很多内容还根本没有完成，主要是因为缺乏足够的人手。我们直接向您致信的原因在于，数月以来，我们已经用尽

一切努力，通过常规渠道进行汇报，而如果没有您的帮助，恐怕短期内无望得到任何改善……

您忠实的公仆，
A. M. 图灵
W. G. 韦尔什曼
C. H. O' D. 亚历山大
P. S. 米尔纳-巴里
敬上

虽然如此，要想办成这桩“坏”事，四位公职人员就没法儿忠实。这封信必须被送达，而且要承担相应的后果。试图通过行政部门的内部邮政寄信毫无意义，因为肯定会被丹尼斯顿或他的某个行政人员问到一些尴尬的问题，那就没什么主动权可言了。这封状告信得靠某人亲手送达。如果只是把一封信带到唐宁街 10 号，那很简单，米尔纳-巴里是密谋团伙中最年轻的，他将乘火车前往伦敦。但是，进首相官邸的门可就没那么容易了。守门人是首相的首席私人秘书，乔治・哈维-瓦特（George Harvie-Watt）准将，他尽职尽责地指出，没有预约的人不能进入。而米尔纳-巴里甚至都没办法提供什么官方证件来表明自己的身份，但他拒绝向首相以外的任何人透露内容：谁知道哈维-瓦特或唐宁街的任何人是否有权接触这个特殊的秘密？这是一场僵局。

哈维-瓦特肯定已经习惯了奇怪的平民带着机密任务出现，所以这封信还是被放在了丘吉尔的桌上。丘吉尔读了信，并在上面写道：“让这些人在极为优先的情况下得到他们想要的一切——并向我汇报确实这样做了。”丘吉尔的桌子上有一叠红色的纸片，每张纸片上都印有“今日要务”的字样。一张这种纸片被钉在了信上，于是丘吉尔焦头烂额的参谋长委员会秘书伊斯梅将军发现自己又多了一项任务。

回到布莱切利庄园，似乎一切如常。米尔纳-巴里和其他三位书信作者后来被称为“邪恶的叔叔们”，他们没有被解雇。难道信其实没被送到吗？无论如何，手头还有一场战争要赢，敌人来自海上：那就是海军的恩尼格玛机。

邪恶的叔叔们

斯图尔特·米尔纳-巴里爵士（1906—1995）

休·亚历山大（1909—1974）

艾伦·图灵（负责小屋8号：海军密码）和戈登·韦尔什曼（负责小屋6号：陆军和空军密码）的副手有如此多的共同点，实在是一桩奇事。此外，亚历山大要比他的名义上的上司图灵年长，而米尔纳-巴里则与其上司韦尔什曼同龄。这使组织安排显得没那么正式，却很可能促进了布莱切利庄园的成功。

米尔纳-巴里在1924年的学童国际象棋锦标赛上遇到了亚历山大，后者从他手中夺得了冠军。亚历山大也许是更出色的棋手，他在1938年成为英国总冠军，为英格兰队效力，还撰写了关于国际象棋的著作，但米尔纳-巴里只是《泰晤士报》的国际象棋记者。作为老朋友，他们在布莱切利庄园期间一直都是室友。

对他们两人来说，布莱切利庄园将他们从战前恼人的工作中解放了出来，米尔纳-巴里原本干的是股票经纪，而亚历山大则在约翰-路易斯百货商店担任行政工作。有人评价亚历山大："他太不整洁了，甚至看起来都不像是个商人。"两人都在1940年初来到这里，当时戈登·韦尔什曼的小屋体系正在成形，他们起先都加入了小屋6号。1941年时，由艾伦·图灵领导的海军恩尼格玛机问题小组需要更多的组织和创新人才，因此亚历山大被调去那里，到1942年中期，他实际上负责了小屋8号的管理。

战后，米尔纳-巴里留在了公职体系内，他职业生涯的大部分时间都在财政部工作，并在退役后获得了爵士头衔。在戈登·韦尔什曼因自行撰写恩尼格玛机破译回忆录，而饱受攻击时，米尔纳-巴里为他做了辩护。亚历山大曾短暂地回到约翰-路易斯公司，但在1946年加入了政府通信总部，并一直工作到退休。他也担任了辩护人的角色：当艾伦·图灵在1952年因"严重猥亵"罪名被起诉时，亚历山大作为名誉证人出庭，说他的前任上司是一个"国宝"。

海军恩尼格玛机比陆军和空军所用的更难，因为"指示器"系统安全程度高，更难破解。艾伦·图灵在战争初期就发现了正在使用的技术，在给丘吉尔写投诉信的时候，他已经成为小屋8号的负责人，该小屋是专门处理海军恩尼格玛机诸多问题的密码分析部门。图灵和小屋8号需要的是破解U型潜艇正在使用的特殊指示系统的方法。

1942年初，已经明显体现出来，让图灵负责一个小屋不是一个明智的决定。这是以往行政程序上的遗留问题，当时像诺克斯这样的人是由丹尼斯顿提名的，并以一种非常松散的方式管理着聚集在他周围的各种研究人员。小屋8号需要更为军事化或企业化的管理。说实话，它只是需要被管理，而像图灵这样的人是不会去管理任何事物的。

关于图灵的怪癖有相当多的故事。在一份1959年的报告中，他的母亲就讲到了一个：

> 在空袭期间的防空洞里，他给自己织了一副手套，没有参考任何图纸，纯粹凭想象。然而，在缝合手指的时候，他失败了，所以他经常从谢利骑车过来，手套的指尖上挂着一小串羊毛尾巴，直到他办公室里的一个女孩同情他，把手套补好了。

有时，响起的笑声也会是积极的。

> 我被告知，一位“图灵教授”将在我们这里执行一段时间的特殊任务，我为他安排了在食堂和小屋里的住宿。尽管不得不住得一团糟，还要和士兵待在一起，但图灵很快就安定下来，并全方位地成为“我们中的一员”……我清楚地记得，当我们在安排一些与庆典有关的运动时，军官们被要求参加任何一项比赛。想象一下，当图灵提出要参加一英里赛跑时，我们是多么惊讶。我们以为这大概是场恶作剧，但在比赛时，“教授”（也就是图灵的绰号）轻松地排在了第一位。

在思考艾伦·图灵该何去何从的同时，丘吉尔授意的行动也在进展中。1940年，布莱切利庄园总共只有2台炸弹机，1941年底，这一数量已经上升到有6台，另外还有10台在附近的几个被接管为外围基地的庄园里。1942年，炸弹机的总数增加了3倍，并建立了更多的外围基地。其中一个位于斯坦摩尔，发展成一个容纳了75个炸弹机的巨型场所。1943年，另一个庞大的炸弹机群在伊斯科特启用，到欧洲战事结束时，至少有103台炸弹机在那里运行。（伊斯科特也成为了战后政府通信总部的所在地。）

随着炸弹机数量的增加，也有必要扩充操作人员的数量。这意味着一定程度上的专业化：让图灵和韦尔什曼这样的人整天拨弄电线和激活机器，或者干坐着等待机器吐出可能的加密设置，都是很不合理的。需要启动新的招募环节，而这一次，海军来救场了。

“为舰队腾出一个人手”的口号在当时被用于鼓励女性加入皇家海军，特别是皇家海军女子服务队，或称为“鹪鹩”（Wrens）。1941 年 3 月 24 日，第一支由 8 位皇家海军女子服务队组成的特遣队抵达布莱切利庄园，负责操作炸弹机。随着需求的增长，更多的年轻女性被派去从事这项工作。她们中的有些人渴望远航和大海气息，并期盼与潇洒水手相遇，但是在被分配到“彭布罗克五号”后，发现这是海军对布莱切利庄园“特殊任务”的掩护名称：实际意味着在黑暗、恶臭、嘈杂的炸弹机附近从事让人头疼的无聊工作，而且大多数工作伙伴是同样感觉幻灭的年轻女性。这一切对她们来说是多么令人失望的事情。

格温·阿卡森（Gwen Acason）在布莱切利庄园的经历始于1944年，当时她被派往瓦文顿之家，那里是一些皇家海军女子服务队队员的住处。“唯一能看到的水是院子里的一个小湖。”第二天，“我们登上了一辆巴士，在布莱切利镇有士兵把守的铁门前下车。在这里，我们被带入一个房间，一位皇家海军女子服务队的军官在那里发布了一顿讲话。我们被告知已通过了安全审查，并将从事高度机密的工作，必须签署《官方保密法》，在办公室以外的地方提及工作将带来严重的惩罚。”

布伦达·亚伯拉罕斯（Brenda Abrahams）也有类似的经历，她一到适龄就自愿加入了海军，也被分配到“彭布罗克五号”，经过三周行军和学习海军术语（对未来的炸弹机操作员非常有用）的训练，她被派往位于斯坦摩尔的外围基地。“斯坦摩尔似乎永远都是那么寒冷。炸弹机所在的工作场所很冷，只能靠热烘烘又难闻的炸弹机来取暖。睡觉的隔间也非常冷，以至于每当有人能够在隔间尽头洗澡时，整个隔间都会充满蒸汽。”

另一位皇家海军女子服务队队员是安妮·皮斯（Anne Pease），她于1941年8月来到布莱切利庄园。“我们被带到房子里，不得不签署《官方保密法》，然后被带去小屋11号，在那里我们看到了这些奇妙的机器。我能记得它们的噪音和气味。一切都很奇怪。小屋11号很黑，非常嘈杂，没有自然光，还有发动机机油的味道。真的是吵极了。它发出一种呼呼的声音，所有的轮子都在同时旋转，然后在停下来时发出哐当一声。”后来，安妮·皮斯被派往离布莱切利几英里远的瓦文顿之家外站，战争结束时，她又被调去锡兰（现在的斯里兰卡）的科伦坡。因此，对于极少数人来说，加入海军确实有探索世界的机会。

到战争结束时，超过2600名皇家海军女子服务队队员参与了密码破译工作，有的在布莱切利庄园，有的在某个外站。并非所有人从事的都是关于炸弹机和破译恩尼格玛机的工作，还有其他需要破译的密码和有待执行的任务。但对大多数女子服务队队员来说，工作本身是苦差事，而且由于是机密，她们所做的事情的意义几乎不为人所知。在战争期间操作炸弹机的露丝·伯恩（Ruth Bourne），后来曾多次谈到她的经历。她在18岁时加入了炸弹机小组，在签署《官方保密法》后，她被告知工作内容涉及密码破译，然而“直到战后很久，我甚至都从不曾听说过恩尼格玛机这个名字。我们对炸弹机的工作原理或它跟恩尼格玛机的关系一无所知。我只是把轮子装上去，再拿下来，把插头插进去，诸如此类。”

偶尔会有人对女子服务队队员的工作表达谢意，但这是很罕见的。在露丝·伯恩的回忆中，即使在家里，也没什么人对此抱有兴趣：“战争结束30年后，一个叫温特博瑟姆的人（见第十章）写了一本名为《至高机密》的书，其中提到我们破解了恩尼格玛机。我告诉丈夫：

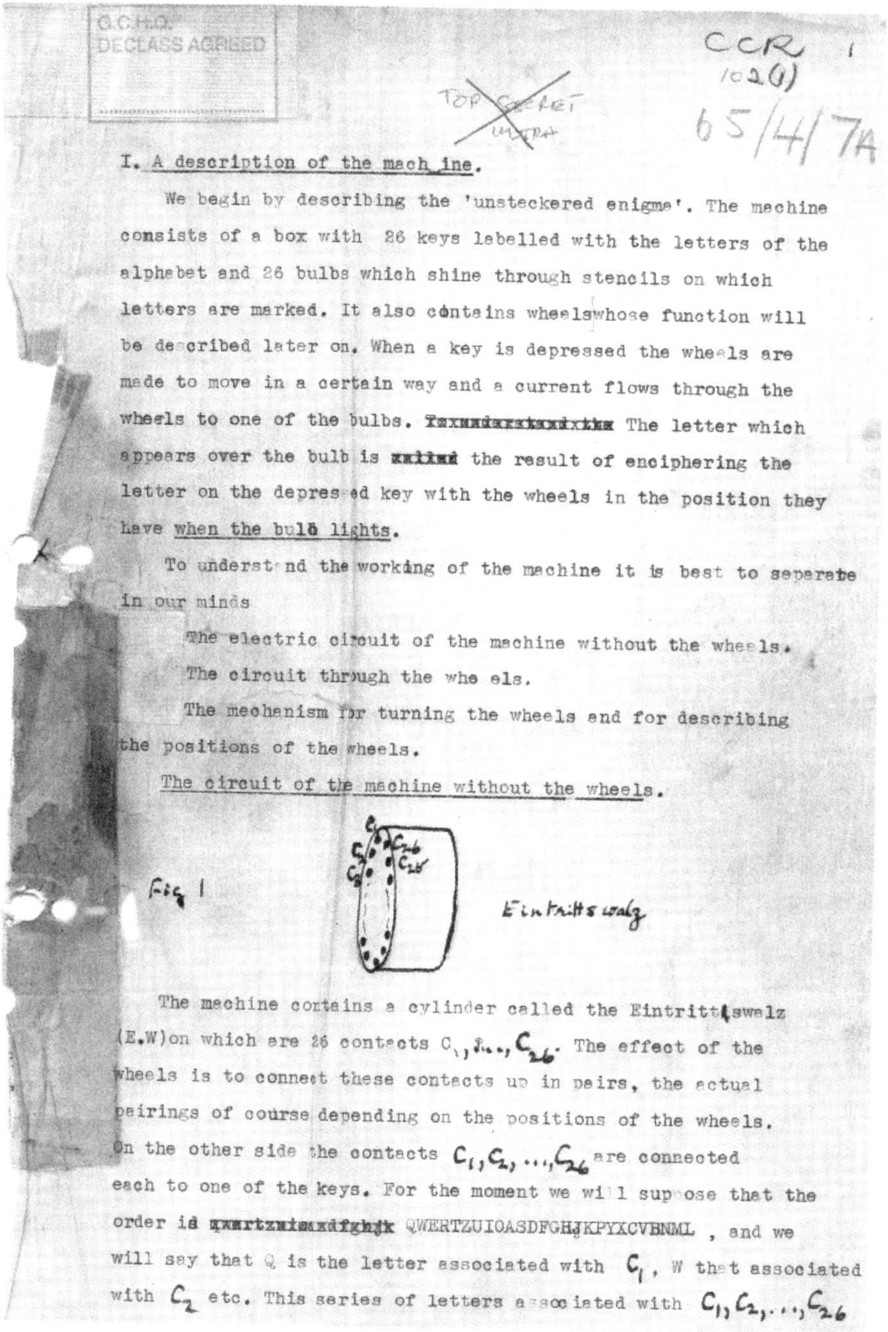
G.C.H.Q.
DECLASS AGREED

CCR 1
102(I)
65/4/7A

~~TOP SECRET~~
~~ULTRA~~

I. A description of the mach ine.

We begin by describing the 'unsteckered enigma'. The machine consists of a box with 26 keys labelled with the letters of the alphabet and 26 bulbs which shine through stencils on which letters are marked. It also contains wheels whose function will be described later on. When a key is depressed the wheels are made to move in a certain way and a current flows through the wheels to one of the bulbs. ~~Txxmadxxxkxxxdxxkxx~~ The letter which appears over the bulb is ~~xxlixd~~ the result of enciphering the letter on the depressed key with the wheels in the position they have when the bulb lights.

To understand the working of the machine it is best to seperate in our minds

The electric circuit of the machine without the wheels.

The circuit through the whe els.

The mechanism for turning the wheels and for describing the positions of the wheels.

The circuit of the machine without the wheels.

Fig 1

C_1 C_2 C_3 C_{26} C_{25}

Eintrittswalz

The machine contains a cylinder called the Eintrittswalz (E.W) on which are 26 contacts $C_1, \ldots, C_{26}$. The effect of the wheels is to connect these contacts up in pairs, the actual pairings of course depending on the positions of the wheels. On the other side the contacts $C_1, C_2, \ldots, C_{26}$ are connected each to one of the keys. For the moment we will suppose that the order is ~~qwertzuioasdfghjk~~ QWERTZUIOASDFGHJKPYXCVBNML , and we will say that Q is the letter associated with C_1, W that associated with C_2 etc. This series of letters associated with $C_1, C_2, \ldots, C_{26}$

艾伦·图灵为向新兵介绍恩尼格玛机问题而撰写的“恩尼格玛机论述”的开头。这个论述通常被称为“教授之书”。

‘噢，这就是我在战争期间做的事情，看，书里写了，我破译了密码。’而他答道：‘哦，这很有趣，亲爱的，非常有趣。喝什么茶？’”

不过，在 2018 年，法国政府还是对露丝·伯恩表示了敬意，授予她荣誉军团骑士勋章，以表彰她对 1944 年法国解放所作的贡献。

炸弹机操作员的枯燥生活是整个恩尼格玛机密码破译成功故事的重要组成部分。但是，如果没有战前的政府密码学校和“教授类型的人”所做出的革命性改变，皇家海军女子服务队队员们就不会到布莱切利庄园，操作由英国制表机公司工厂生产的数百台机器。有些变革发生了，而一如既往地，变革总会带来牺牲者。

第五章

丹尼斯顿的谢幕

The Fall of Denniston

1941年，对阿拉斯泰尔·丹尼斯顿来说，是艰难的一年。当年2月，他被诊断出膀胱有结石，并在3月接受了手术，但随后出现了一些并发症，因此直到5月的最后一周前，他都不在布莱切利庄园。随之而来的医院账单几乎和病情及疗程一样让人痛苦。与此同时，布莱切利庄园一直由丹尼斯顿的副手，爱德华·特拉维斯中校管理。

布莱切利庄园本身在1941年运转状态良好：随着英军在大西洋U型潜艇战争中的接连取胜，海军恩尼格玛机的难题似乎已经找到了解决办法，而在北非不断升温的冲突中，德国陆军和空军的恩尼格玛机破解也取得了成绩。在另一条战线上，虽然美国名义上仍然是中立的，但两者间的情报联系正逐步建立。1941年8月，丹尼斯顿本人两次访问美国，尽管旅行间隙的日记中都记录了"神经炎复发"，他每次出行还是都选择了不那么舒服的飞机。要克服双方的怀疑和犹豫，丹尼斯顿温和的风格正是必需的。

阿拉斯泰尔·丹尼斯顿（1881—1961）

阿拉斯泰尔·丹尼斯顿是唯一一个在政府通信总部（或其前身）存在的前90年中，担任过领导而没有获得骑士勋章的人。他本人的角色在电影《模仿游戏》（该片讲述了恩尼格玛机的破译和布莱切利庄园的艾伦·图灵）中由查尔斯·丹斯饰演，被演绎得难以辨认。电影中的角色是一个严厉而缺乏想象力，不留情面，直接从甲板上走下来的海军军官，和现实生活中的丹尼斯顿简直完全不同。

我们需要更深入地考察，然而围绕丹尼斯顿从布莱切利庄园指挥位置被撤职的争议，使探寻更加困难。显然，相比起令人敬佩，丹尼斯顿更多的是受人喜爱。"我父亲与周围同事结交朋友的能力是他管理方式的一个重要因素，并最终使他的事业获得成功”，他的儿子罗宾写道。而丹尼斯顿的继任者爱德华·特拉维斯却得到了相反的评价。

那么，事实是什么？阿拉斯泰尔·丹尼斯顿的名字甚至不是“阿拉斯泰尔”——他名字首字母的“A”代表的是亚历山大，但阿拉斯泰尔这一名号的由来已经不为人知了。他的父亲是一名苏格兰医生，但在阿拉斯泰尔 10 岁的时候就去世了。丹尼斯顿有语言天赋，在伦敦、巴黎和波恩学习过，1907 年曾在爱丁堡担任教职。他也是一个投入且成功的运动员，年轻时为苏格兰打曲棍球（并在 1908 年奥运会上取得铜牌），在奥斯本打过板球，并始终热爱高尔夫。

1909 年，他作为一名平民语言教师，加入了位于怀特岛的奥斯本皇家海军学院。正是这一角色，将他带入了 40 号房间的创始人阿尔弗雷德·尤因教授的视野，并因此作为尤因的第一批学员进入了 40 号房间本身。从 40 号房间到政府密码学校，再到布莱切利庄园，最终到贝克街与外交密电，丹尼斯顿的职业生涯自此确定。

“二战”结束后，丹尼斯顿发现自己没有用武之地了。政府密码学校被重新合并为政府通信总部，由爱德华·特拉维斯爵士掌舵，而丹尼斯顿在 1945 年 5 月 1 日领取了退休金。官方养老金的微不足道使他又回到了教学岗位。历经整整 30 年，他对自己一手扶持起的事业有所微词是可以理解的。2012 年，当时的政府通信总部主任伊恩·洛班（Iain Lobban）爵士努力调整平衡，将丹尼斯顿对图灵和韦尔什曼的招募形容为“至关重要的洞察力”，并记录了他对政府通信总部未来领导者的启发，识别出“新时代的新型密码分析员”。

怀疑和争吵在布莱切利庄园也很猖獗。充满怒火的备忘录满天飞——而且不是由迪利·诺克斯写的——此时他正因病居家工作。“显然，整个局势正在失控，政府密码学校控制不了局面。”奈杰尔·德·格雷记录道。“邪恶的叔叔们”给丘吉尔直言上书一事还有余波。斯图尔特·米尔纳-巴里爵士在多年后记述了这一切：

> 炸弹机的处理速度加快了，人手缺口得到了缓解，我们能够不间断地投入到手头的工作中。也没有任何来自高层的严厉反应，除了“C”（斯图尔特·孟席斯）在小屋6号的一次访问中责备戈登·韦尔什曼……因为他“浪费了首相的15分钟”。我几天后在走廊里偶然遇到了丹尼斯顿指挥官，他对我们的出格行为说了些俏皮话；但他是个好人，没什么恶意。
>
> 当我在未来的岁月里成为一名白厅的官僚，并习惯于按部就班做事之后，我时不时回想……从头想到尾，然后充满恐惧和难以置信。我也很好奇，如果没有写过这封信，或者首相没有“浪费15分钟的时间”来阅读这封信，一切究竟会怎样。

军情六处处长、丹尼斯顿的上司孟席斯上校，对于让他在主要客户温斯顿·丘吉尔面前出丑显然并不感到好笑。其实，虽然斯图尔特·米尔纳-巴里没有观察到什么严厉反应，孟席斯还是相当生气的。在戈登·韦尔什曼受到批评之后，轮到了丹尼斯顿。孟席斯需要确保这种荒唐事不再发生，很明显，重大失职的原因在于布莱切利庄园的组织和管理出现了严重问题。引用官方历史学家的话说：“一连串的争论和指责正在降低工作效率，并可能引发纪律的崩溃。”即便说纪律已经崩溃了，也不是没有道理的。

孟席斯发起了一项调查，由前军事情报局副局长马丁（K. J. Martin）

阿拉斯泰尔·丹尼斯顿，照片中的他正负责管理布莱切利庄园（Bletchley Park）。

少将进行。另外，在小屋 3 号发生内讧后，也审查了小屋 3 号的管理状况，负责人也是一名穿着皇家空军制服的平民，名叫埃里克·琼斯（见第九章）。琼斯于 1942 年 2 月 2 日提交的报告指出，“政府密码学校的背景和管理方式”是小屋 3 号问题的根源。而孟席斯在 1942 年 1 月得到的调查结果，带来了第二份建议，于 1 月 30 日提交。两份报告都很明确，调整布莱切利庄园的运作方式是不可避免的。

“元首”掌权

> **1942 年 2 月 3 日**
>
> **改组政府密码学校**
>
> 随着工作的不断深入，我认为有必要对政府密码学校进行改组。政府密码学校主任和副主任的职位已被撤销，政府密码学校的工作今后将分为两部分：民事和军事服务。丹尼斯顿指挥官和特拉维斯中校被任命为副局长，分别负责民事和军事服务方面的工作。[1]

在重组的借口背后，当务之急是为战时对武装部队的支援提供一个更好、更有效的服务。自 1914—1918 年以来，一切都变化很大：来自各条战线的代码和密码的种类、数量和复杂性都变得让人应接不暇。像齐默尔曼电报这样的，一场重大外交政变对全世界产生颠覆性影响的日子已经过去了。现在，所有的工作都是围绕：把信息解码，再将其筛选为情报，并及时将成果送出，发挥作用。这需要一种军事思维以及组织

1 斯图尔特·孟席斯爵士的备忘录，英国国家档案馆。

和指挥的品质，对一个指挥官来说是自然而然的。

但是，阿拉斯泰尔·丹尼斯顿从来没有当过指挥官：他在第一次世界大战期间进入了皇家海军的志愿后备队，当时人们认为给那些在40号房间服役的人颁发军衔是合适的。甚至迪利·诺克斯也是皇家海军预备役中的一名军官。丹尼斯顿一开始是名教师，正是他平静而谦虚的管理风格，使他能在一定程度上约束住诺克斯和教授们。“在政府密码学校工作了20年后，想必我有资格告诉你，不应该期待在组成政府密码学校的这群颇为不寻常的平民中，寻找战舰上那样严格的纪律。”丹尼斯顿在1940年曾这样对奥利弗·斯特拉奇写道。而到了1941年12月，这种管理方法已经过时并失败了。新的、机械化的密码破译时代需要的正是丹尼斯顿所谴责的东西。它需要一个战舰指挥官。

值得注意的是，E. W. 特拉维斯，而不是政府密码学校的负责人阿拉斯泰尔·丹尼斯顿，被“邪恶的叔叔们”挑出来夸奖了。特拉维斯有真正的海军背景，而且有一副指挥大船的脾性。在1941年春天丹尼斯顿生病期间，他负责代班，显然表现得很好。

爱德华·特拉维斯爵士（1888—1956）

第二次世界大战结束后，政府通信总部以这一名称重新成立时，爱德华·特拉维斯爵士成为了第一位主任。在战争期间，他一直是确保布莱切利庄园资源充足、运行良好和有效的关键力量，他先是作为阿拉斯泰尔·丹尼斯顿的副手，在1942年的重组后，正式担任该组织的负责人。特拉维斯的管理风格得益于他在皇家海军的背景，虽然粗暴又直接，但他有能力把事情办好，并平息密码破译员之间常见的休息室争吵，这为他赢得了来自手下庞大帝国的尊重，即使不是爱戴。

特拉维斯于1906年离开学校后加入了皇家海军。第一次世界大战爆发后，他被任命为杰利科海军上将手下的信号官。1916年，他被调到海军部，处理密码和口令的安全工作，两次大战期间加入新成立的政府密码学校后，他也继续负责这一内容。特拉维斯于1925年被任命为丹尼斯顿的副手，而到了1938年，他已经在管理所有部门的解密工作，包括恩尼格玛机问题。当小屋1号的原型炸弹机达成其第一个“停止”（输出可能的恩尼格玛机设置）时，特拉维斯在场，并将细节带回给图灵和他的小屋8号团队。也正是特拉维斯带头采用了英国密码机Typex的安全版本，在整个战争期间抵制了德国的密码破译尝试。

相比成功突破那些被认为是不可能破解的密码系统，他的组织和管理才能可能显得没有那么有魅力。然而，正是特拉维斯对政府密码学校的重组，使得在丹尼斯顿柔和领导方式下发展起来的密码破译成就，进一步发展成一个高效的机器，能快速有效地提供武装部门所需的情报。特拉维斯的备忘录是用一种独特的棕色墨水签署的，被称为“主任之血”。战后，政府通信总部依旧需要他的才能来迎接冷战的新挑战，他在那里扮演监管角色，1952年退休。此时（除其他荣誉外），特拉维斯已被授予荣誉军团骑士勋章（1919年）、大英帝国官佐勋章（1936年）和圣米迦勒及圣乔治二等勋章（1944年）。

孟席斯的重组备忘录试图让人觉得丹尼斯顿和特拉维斯在新世界中被赋予同等的地位。但显而易见的是，军事服务部才是重要而有权力的那个。在布莱切利庄园，从事外交代码和密码工作的团队规模不大——

爱德华·特拉维斯爵士，他在 1942 年接管了布莱切利庄园的指挥权。

仅有80名左右的工作人员——而且关系不好。当然在以往的战争中，“外交”曾有过更重要的意义。结果，丹尼斯顿设在伦敦伯克利街以一家女帽店为掩护的新部门，最终发展到约200人（比“二战”开始前政府密码学校的总人数还多），破解了数十个国家的密码，特别是包括德国、日本、意大利和法国维希政府。即使是现在，也很难评估政府密码学校民事部门的全部价值，因为不少内容仍有待解密，而且布莱切利庄园更受欢迎的军事服务在风头上已经盖过了它的“表兄弟”。

在布莱切利庄园，人们对这一变化的反应不一。那些与丹尼斯顿紧密合作多年的人对这种似乎是降级的做法感到沮丧，是可以理解的。丹尼斯顿因“乐于放权、信任下属、不拘小节和富有魅力”[1]而得到高度评价。毕竟，正是在丹尼斯顿的领导下，招募了“教授类型的人”，而且很明显，他们所注入的才智和创新是布莱切利庄园成功的引擎。丹尼斯顿还赞助了与波兰破译员的会议，从而带来了炸弹机的开发，他也充分支持并鼓励这一项目。

不过，其他人也认识到在高层进行变革的必要性。W. F. 克拉克一直对丹尼斯顿持怀疑态度，他观察到一位同事在1919年“断然拒绝在丹尼斯顿手下工作”，称丹尼斯顿“被描述为可能适合管理东区的一家小甜品店”。这可能太过分了，但炸弹机项目的设计师彼得·特温对丹尼斯顿的评价是，“我不认为他是成功的”。“邪恶的叔叔”之一斯图尔特·米尔纳-巴里则认为，到了1940年，丹尼斯顿已经难堪重用。还有人认为存在一场逼宫，即特拉维斯告诉孟席斯，丹尼斯顿必须离开，否则他将辞职，并得到了奈杰尔·德·格雷（他成为仅次于特拉维斯的布莱切利二号人物）和机器部门负责人弗雷德里克·弗里伯恩（Frederic Freeborn）的支持。

---

1 F. H. 欣斯利，《牛津国家人物传记大辞典》中“阿拉斯泰尔·丹尼斯顿”篇。

特拉维斯被韦尔什曼描述为“斗牛犬一样的家伙”，因其更强硬的指挥风格而被戏称为“元首”（至少是被那些胆子足够大的人）。徘徊在布莱切利庄园的 W. F. 克拉克曾指出，德·格雷将特拉维斯称为“我们敬爱的首长”有多么不合适，但即使是他，也承认特拉维斯“对我总是非常好”。从 1942 年春天开始，在特拉维斯的领导下，布莱切利庄园开始像一场军事行动一样工作，有明确的指挥线和清晰的优先级分配。特拉维斯现在有机会发展他和戈登·韦尔什曼自 1940 年早期以来，一直试图实施的想法，布莱切利庄园将成为一个情报工厂。

这一切来得正是时候：1942 年是被丘吉尔称为“命运的铰链”开始转动的一年。就在美国参战的同时，北大西洋的战事也在不断恶化。U 型潜艇正以前所未有的速度击沉商船。德国人采用了一种新形式的恩尼格玛机，用于 U 型潜艇和他们的岸上指挥部之间的通信。更糟糕的是，德国正在破解盟军的密码。护航船队本应隐藏在宽广的海洋中，但德国人通过阅读英国的密码电文得知了它们的位置。而这还不是全部。美国武官从开罗发回华盛顿的情报报告被截获、破译，并被送到北非沙漠里的隆美尔手中：他通过最好的途径得知了英国的作战顺序、人员和物资的可用性，以及士气状况的最新情况。如果布莱切利庄园要赢得这场机密电码之战，就必须得把握好 1942 年。

第六章

小屋居民

戈登·韦尔什曼初来布莱切利庄园时，被分配到迪利·诺克斯身边工作。诺克斯不是一个容易相处的上司，“至少在布莱切利的头两周里，我的印象是他不喜欢我……总之，到达后不久，我就被赶出了马厩小组，被安排到艾尔默斯学校，在那里我将学习‘呼叫信号和判别式’，这些字母和数字组是德国恩尼格玛机前导码中的常规特征。”韦尔什曼对此不以为然，一方面，艾尔默斯学校隐藏在布莱切利庄园主要场地的后面；另一方面，研究前导码看起来实在不像什么能赢得战争胜利的工作。但韦尔什曼很快就意识到是他错了。

1939 年，当韦尔什曼忍受着被“放逐”（他的说法）到空荡荡的学校时，布莱切利庄园正处于从假正经的居所向工作场合转变的伊始。整个庄园里都在建造木制的小屋，从而为接踵而至的新员工们提供足够的工作空间。而在研究判别式和前导码时，韦尔什曼发现自己学到很多德国军事无线电工作的组织方式，这使他对布莱切利庄园本身的运作模式产生了一些想法。

四间小屋

1939 年秋天是“假战争”（Phoney War）的时期，没有什么事情发生，至少就陆上和空中的战争而言是如此。

然而，仍有大量的恩尼格玛机信息通过无线电游走，而且已经多到没有足够的拦截器来捕获所有信息的程度。如果热战爆发，信息量可能还会急剧增加。退一万步讲，就算破译不了密码，光是从前导码和呼叫信号中获取的情报就值得增加人手。而假设——鉴于他自己对炸弹机项目所做出贡献，韦尔什曼也准备这样假设——恩尼格玛机可以被破解，那更需要有一个全方位的解码室和适当的体系来处理破译出的信息，以解释并评估其内容。

“考虑到这些因素，我制定了一个组织计划，并将其提交给阿拉斯泰尔·丹尼斯顿的手下，即负责布莱切利庄园一切活动的副主任爱德华·特维斯中校。”韦尔什曼的计划是这样的：要有一个登记截获信息的系统，并负责韦尔什曼一直在艾尔默斯学校做的通信分析；得与接收无线电信息的“Y”部门密切联系，以帮助他们确定工作的优先次序；应当有一个密码分析部门，专门找出德国人正在使用的“密钥”（恩尼格玛机设置）；还需要有一个解码部门，一旦获取密钥，它将分离出加密的内容，并处理这些信息。这个大纲描绘出了小屋体系的基本结构。

尽管韦尔什曼在破译密码和情报方面都是新手，但他想法的可取之处很快就被接受了。他后来回忆说：“特拉维斯的反应简直超出我的期望……他很快就获得了官方的同意，在布莱切利庄园综合大楼建立了一个新的部门，以处理可能出现的跨部门恩尼格玛机破译。”事实上，这不完全是跨部门的。海军希望保持独立，也有充足的理由，因为海军版本的恩尼格玛机使用不同的“指示器”，比“普通的”陆军和空军恩尼格玛机更难破解。但基本原理是通用的，小屋 6 号登记从陆军和空军处截获的信息，找到正在使用的恩尼格玛机设置，并将结果交给小屋 3 号，后者负责破译、编辑（用布莱切利庄园的说法是“修正”，意思是纠正明显的印刷错误，填补传输中乱码或遗漏的空白等），并将它们转化为可用的情报。同样，在海军方面，小屋 8 号进行登记和密码分析，小屋 4 号则对应小屋 3 号的工作。小屋 3 号和 6 号紧挨着，它们之间的距离小到能造一条木制隧道用于通信。当有文件需要在小屋间传送时，它们就会被放在隧道上的托盘里，用绳子和扫帚柄推过去。扫帚柄还身兼两职，当信息准备发送时，人们就会用扫帚柄来敲打舱门作为信号。这就是布莱切利庄园在小屋时代的技术。

到战争后期，工作的规模和每个组织所涉及的人员数量，即小屋 3

1943 年，女破译员们搬到布莱切利庄园的 D 区后在“小屋 6 号”工作。

号、6 号、4 号和 8 号，都超出了战争初期匆忙搭建的临时木制建筑内的承载量。事实上，1941 年和 1942 年的大部分时间里，老宅和铁路线之间的东部地区已经成为一个建筑工地，大批不甚雅观的低层砖瓦和混凝土建筑拔地而起。按照现代标准，这些建筑可能很难看，但对于忍受过寒冷和黑暗的小屋工作人员来说，它们在豪华和舒适程度上已经有了很大的提高。1942 年和 1943 年，各部门搬进了新住所，但保留着原来的名称：小屋 3 号和 6 号现在在 D 区（Block D），而他们的旧木屋则被重新编号。伴随着搬迁，通信技术也得到了改善，沿着大楼安装有压力管线，纸张能被卷起来，以压缩空气的速度在各个房间传递。

最初，负责恩尼格玛机破译的小屋系统要与政府密码学校的旧组织共存。而战争爆发时，已经有了三个部门，每个军种各占一个。陆军、空军和海军，分别由约翰·提尔特曼、乔希·库珀和弗兰克·伯奇（见序言）领导。它们都是密码学部门，向各自的情报部门报告，例如，提尔特曼的部门向英国军事情报局局长汇报，他的部门以“第四号情报学校”的名字进行伪装。这种方式自然地导致小屋 3 号和 4 号的负责人也都是军人。然而，正如彼得·卡尔沃科雷西在加入时指出的那样，进入情报部门对于现役军官的职业生涯来说，并不总是积极的一步。可想而知，当学者和教授们跟部门名义上的负责人发生摩擦时，会出现紧张的局势。后者也许能（或者不能）胜任这份工作，但无论如何都不擅长处理手下的这批怪人。

约翰·提尔特曼（1894—1982）

约翰·提尔特曼应被誉为 20 世纪最伟大的密码学家。面对诸多看似不可破解的系统，他有一封长长的胜利清单。提尔特曼破译了几十个国家的密码和加密系统，很多情况下涉及他并不掌握的语言。他是继迪利·诺克斯之后布莱切利庄园首席密码员，也是布莱切利庄园唯一官至准将级别的破译者。他于1930年被授予大英帝国官佐勋章，1944年获得了司令勋章，1954年又被授予圣米迦勒及圣乔治三等勋章。然而，在专家圈子之外，他的名字几乎不为人所知，这也反映了他高超技术周围萦绕的神秘。

提尔特曼在很小的时候就展现出了天分，仅13岁便获取了牛津大学的录取通知。但家庭条件限制了他的发展，在经历了一段教书生涯后，他于1914年加入了苏格兰国王边防军。作为前线军官，他负伤并被授予了军事十字勋章。战后他留在军队里，并于1920年在布尔什维克革命后的紧张气氛中，参加了一个俄语课程。这为提尔特曼之后的职业生涯开了个头，他被借调到刚成立的政府密码学校工作了两个星期，翻译积压的俄语解密文件。提尔特曼再也没有回到正规军队服役。

他被派往印度、法国、芬兰和美国等地区。其中有些任务既十分敏感，也是高度机密的。在解决艾伦·图灵访问美国推动炸弹机项目所带来的外交混乱中，他发挥了重要作用。他一直负责布莱切利庄园的军队部门，并不断破解全新和复杂的密码。

或许，他最大的成就是协助英国人开发和实施更新、更安全的中等级别密码，以保护被德国破译者成功读取的信息。他的“模版减法系统”迅速且易于使用，也令德国人十分费解。对英国海军通信安全系统的这一补充，在大西洋的信号战以及对U型潜艇的全面胜利中起到了很大作用。

提尔特曼1954年从英国军队“退休”，但他继续担任政府通信总部和美国国家安全局的顾问达十年之久。在这期间，他沉迷于破解《伏尼契手稿》之谜——唯一一个打败了约翰·提

约翰·提尔特曼，可以说是英国 20 世纪最伟大的密码破译者。

尔特曼的密码（如果它确实是密码的话）。

《伏尼契手稿》是耶鲁大学图书馆保存的一份特殊文件，以1912年购买它的书商之名命名，但它的历史更久远，可追溯至约1420年。这本书有大量精美的插图，包括植物图画、占星术符号和裸体浴女。但真正引人注目的是它的文字。它包含的大量文本，是以一种未知字母写就的。有人说它是密码，有人说它是一种未知的语言，而唯一所有人都赞同的就是它充满争议。每隔一段时间，就会有人声称已经破解了这个谜题，然后又被其他人驳倒。

像这样的作品，必然会吸引最伟大的密码分析专家，例如，尽管伊丽莎白·弗里德曼（Elizebeth Friedman）是美国密码破译中的佼佼者，也说对该文本发动的进攻是“注定要彻底失败的”。除了约翰·提尔特曼之外，其他破译者，如威廉·弗里德曼、伊丽莎白·弗里德曼以及普利斯科特·库里尔，都曾尝试破译它，但都没有成功。尽管没人看得懂配文，那些图画还是很有趣。

乔希·库珀（1901—1981）

当公众第一次被告知布莱切利庄园在“二战”期间所做工作的作用和意义时，内容基本没有提及什么技术方面的信息。但允许谈论的是在那里工作的人和他们的个性。逐步揭秘的副作用在于，最终夺人眼球的是破译员们的怪癖和特异之处，但考虑到现在关于布莱切利庄园公开的信息广度和深度，这些可能就不那么重要了。

有一位被“布莱切利庄园里全是科学怪人”的想法掩盖了其成就的，就是乔希·库珀。在布莱切利庄园，库珀以不同寻常的举动而闻名，比如，咖啡杯空了就把它扔进湖里。在他的办公室里有一张德国空军的地图，绘有德国在北海的网格坐标，是从一架被击落的飞机上找到的，上面还带有血迹。这张地图被称为“麦克白夫人”，因为库珀曾试图将它清理干净，但没有成功。

在大学学习语言后，库珀于1925年加入了丹尼斯顿的政府密码学校，成为一名密码分析员。1936年，他被借调到空军部分析解密材料，并从那时起成为政府密码学校的航空部门负责人。最初政府密码学校只负责解密，而所有的分析工作都留给服务部。库珀改变了这一点，并将分析与解密的准备工作结合起来。战后，他在政府通信总部工作到退休，并成为研究部门的负责人，这比行政部门更适合他。由于出色的工作，他获得了圣米迦勒及圣乔治三等勋章和巴斯三等勋章。

1941年下半年，阿拉斯泰尔·丹尼斯顿收到了两份令人不快的报告，其中一份就是小屋3号的闹剧。敦刻尔克大败后不久，一位空军少校被派去负责小屋3号的空中情报分组。他给自己安排的任务是改进和规范小屋3号的报告和评论，但与小屋3号的实际负责人在地位上发生了冲突。这不是一段快乐的日子，情报军官试图在值班人员的工作中寻找漏洞——值班人员是战时的新兵，没有经过正规军队人员可能有的训练。同样，值班人员也在留意正规军官的工作缺陷，比如他们在地理或语言的知识上的不足，对此，那些军队的外行们却能提供真正专业的知识。这个秩序被打破了。

乔希·库珀，布莱切利庄园的航空部门负责人。

但秩序是可以被拯救的。彼得·卡尔沃科雷西记录道："1942年，来自空军情报部的一位官员恢复了统一秩序，他乍一看并不适合这项工作，但事实证明此事非他莫属。他与小屋中的其他高级人员不同，既不是牧师也不是校长，既不是专业人员也不是知识分子。他来自米德兰郡北部，据说在那里从事什么与饼干有关的工作。"这个来自北方的人是中队长埃里克·琼斯（见第九章），而且他与饼干毫无关系，而是把冷静和公正的权威印在了小屋体系的身上。他在这份工作上是如此得心应手，以至于战后没有回到工业界，而是留在了政府通信总部，并最终接替爱德华·特拉维斯爵士，成为那里的负责人。

在小屋3号——或任何一个小屋，并不是每个人都有像准备情报，或破译敌人的秘密计划这样激动人心的工作。不仅大量被破译信息的内容是极其枯燥或纯技术性的，还有相当数量的归档、登记、打字和破译工作——这涉及到长时间在类似打字机的设备（英国Typex机器被改装以模仿恩尼格玛机）上敲打快速混乱的语句，在长条形胶带上吐出几乎无法辨认的德语。所有这些工作都是至关重要的，但其中大多数都枯燥到让人没法集中注意力。

乏味工作，debs and dons[1]

许多枯燥的工作都被分配给了女性文员。一个典型的例子是让·坎贝尔·哈里斯，她在1942年加入布莱切利庄园，当时只有18岁。她如此描述在海军部门整理记录的工作："工作本身非常乏味：我们是密码文

1　"debs"是从具体情境中诞生出的昵称，又称"少女特工队"，此处指代那些从事乏味工作的女性文员；"dons"则是指在学术等方面展现出优秀才智的人，此处颇有对比的意味。——译者注

员，工作就只是打字。我们必须从磁带上抄写德国海军的代码，每组五个字母，每个字母的前面都有一个 Z，纯粹的重复性内容。一旦我们完成了代码的抄写，它就会被送到走廊对面的房间里的小组。我仍不十分清楚代码到那里之后会发生什么。我们不问问题，只是做事。”她还说，下班后，她与朋友奥斯拉·本宁（Osla Benning）和萨拉·诺顿（Sarah Norton）会坐火车去伦敦，在莱斯特广场的 400 俱乐部跳一晚上的舞，然后在早上搭运牛奶的火车回布莱切利。这是著名的“debs”群体的典型经历。这些上流社会的女性新兵加入布莱切利庄园，由于她们的某些私人关系和社会出身，掌权者认为可以信任她们从事机密工作。还有一个关于洗衣筐的故事。“有一次，奥斯拉和萨拉把我捆在一个带轮子的大洗衣筐里，它本来是用来搬运秘密文件的，然后把它推到走廊上。虽然有人说，我冲进了男厕所，但这不是真的。事实上，我直接进入了走廊尽头的办公室。办公室的主人杰弗里·坦迪（Geoffrey Tandy）本来就不怎么喜欢我，现在简直是暴怒了。”与洗衣筐打交道并不是典型的布莱切利庄园经历。实际上，布莱切利庄园的“debs”数量很少，而与大量毫无怨言从事同样繁琐工作的皇家海军女子服务队队员、地方辅助卫队（ATS）的女子队员和空军女子辅助队（WAAF）相比，她们的贡献也都相差不大。

（特兰平顿男爵夫人）让·坎贝尔-哈里斯（1922—2018）

让·坎贝尔-哈里斯 15 岁离开学校，被送到国外学习法语和德语，战争开始时只有 17 岁。她最开始在前首相戴维·劳埃德·乔治名下的一个水果农场工作，这很快就变得乏味。凭借语言技能和人际关系，她被安排到了布莱切利庄园的海军部门，负责把德国海军的信号打出来。这也是一份无聊的工作。

但让·坎贝尔-哈里斯本人一直很有趣。20 世纪 50 年代，她作为一位校长夫人，在演讲日穿戴整齐地跳进游泳池；2011年，当金勋爵在上议院评论布莱切利庄园的老兵们都已年华不在的时候，她向他比了一个著名的V字手势。作为一名保守党人，她有着充满活力的政治职业生涯。“我见过大卫·劳埃德·乔治、马克斯·比弗布鲁克、杰基·肯尼迪、贝蒂·戴维斯、参议员麦卡锡和斯坦利·斯宾塞。仔细想想，其实我和战后的每一位首相都见过面，从克莱门特·艾德礼（在剧院里）到大卫·卡梅伦，以及从女王陛下到阿萨德、菲德尔·卡斯特罗和罗伯特·穆加贝的几乎所有世界领导人。”她还可以加上在布莱切利庄园遇到了艾伦·图灵。在去世前两天，她的最后成就是因其战时在布莱切利庄园的工作而被授予了荣誉军团勋章。

布莱切利庄园招募了著名的“debs”以及来自各行各业的许多年轻女性，其中之一是奥斯拉·本宁（左），图为1939年的奥斯拉·本宁。

不过，认为所有在布莱切利庄园的女性都是从事无聊工作的“debs”或皇家海军女子服务队队员，是个错误观念。可能要到近年来，人们才认为女性可以扮演与并肩作战的男子相当的角色，因为在过去的日子里，一些工作内容会被定义为“男性的”，另一些则是“女性的”。密码破译工作不面向女性，因此从事解码的妇女会被贴上不恰当的标签——是一些适合女性的工作头衔——如“翻译”或“文员”，这掩盖了她们实际贡献的性质。因此，女大学生们其实一般从事的是高级工作，如在小屋 6 号、小屋 8 号或外交和商业部门破译密码；其他人则在小屋 3 号和小屋 4 号进行情报工作。例如，来自剑桥大学吉尔顿学院的威尼弗里德·埃文斯（Winifred Evans）在小屋 6 号的航空部门工作，当该部门成立时，她加入了“SIXTA”，这是小屋 6 号的一个分组，负责从“通信分析”中榨取情报，即检查今天被称为截获信息的元数据，无论它们是否真的被破译了。

处理呼叫信号和其他包含着编码内容的信息，是一项并不无聊而又非常重要的工作。首先，布莱切利庄园一定程度上依赖于那些以一种密码或密钥发出，再送入另一种加密方式的信息；而破解一种信息，就能提供从另一种信息中剥离密码的方法。通信分析员能够注意到出现了重复的地方。有时，信息的发送者在序言中隐瞒了他们的身份，但通信分析员可以通过监测无线电频率的使用情况和其他习惯，比如谁通常会重新传输信息，描绘出到底是谁在操作。

小屋 4 号，以及海军部的其他地方，都拥有一系列的男女人才。在小屋 4 号，瓦尔特·艾廷豪森（Walter Ettinghausen）负责翻译德国海军的恩尼格玛机信息，这项工作实际上要比听起来复杂得多。它涉及分解文本中的错误，解释缩写和行话——他知道“与德国 U 型潜艇的殊死搏斗取决于我们工作的出色程度”。但海上的战斗不仅仅是关于破解 U 型潜艇的密码。特别是，地中海战场也要求英国人处理意大利海军的信

瓦尔特·艾廷豪森，即后来的埃坦，他在离开政府密码学校后，成为以色列政府的一个高级人物。

息，但因为小屋4号和8号是布莱切利庄园海军部中以恩尼格玛机为重点的部门，这项工作另有他人完成。

（埃坦）瓦尔特·艾廷豪森（1910—2001）

瓦尔特·艾廷豪森出生于慕尼黑。他在童年时期举家搬到了英国，并随后成为了“教授类型的人”之一，在牛津大学，他讲授中世纪德语课程。据说他是一个“胖乎乎、快乐和相当英俊的人，但在布莱切利庄园，你绝不敢和他胡闹”。战后，他移民到巴勒斯坦，改名为埃坦，1948年以色列国成立时，他担任了以色列外交部的第一任总干事。在第一次阿以战争后，他帮助以色列与埃及进行了和平谈判，同时还与当时的外约旦酋长国进行了和谈。20世纪50年代，他反对针对阿拉伯入侵的强硬报复政策，并在接下来的20年里，致力于改善以色列与其邻国间的外交关系。鉴于有着布莱切利庄园的背景，他参与建立了摩萨德（Mossad），并不是件令人惊讶的事。

1993年，回顾他在布莱切利庄园的日子时，瓦尔特·埃坦写道：“我们原来的姓氏是艾廷豪森，而且我出生在德国。安全审查一定很有洞察力的，因为这样的背景可能很容易使我们失去资格……我猜，负责的官员知道或看出了我们是犹太人，并正确地得出结论，即我们打击希特勒的动机格外强烈……我可能是唯一能回忆起一个特殊的悲痛时刻的人，在1943年底或1944年初，我们在爱琴海截获了一艘小型德国军舰的信号，报告说它正在运送犹太人，前往比雷埃夫斯‘zur Endlösung’（为了最终解决）。我以前从未见过或听过这种说法，但我本能地明白了它的含义……”

尽管意大利人在使用恩尼格玛机，但这并不是他们唯一的依靠。另一个基于转子的设备名叫 C38M。这是一台手摇式机器，没有任何电气元件。加密是通过一种凯撒移位实现的：每个字母通过添加一定的数字被转化为另一个字母，例如，将数字 5 添加到 A 上，A 就会变成 F。布莱切利庄园的破译员不负众望，成功破解了 C38M，使英国人得以中断隆美尔在北非的航运供应。不过，当墨索里尼政府在 1943 年倒台后，一直致力于解决意大利问题的破译员——包括玛奇·戴尔和爱德华·辛普森——需要一个新的职责。

玛奇·戴尔（1901—1967）

玛奇·戴尔是阿拉斯泰尔·丹尼斯顿 1939 年 3 月公布的"教授类型的人"名单中（共 73 人）的两名女性之一，这些人在战争中可能会被征召去执行破译密码的任务。她当时是牛津大学玛格丽特夫人厅的研究员，在同一所大学（但是不同学院）的同一学科毕业后，继续教授古典文学，中间还做过一段时间的中学教师。

对她来说，布莱切利庄园是一段"应征"期，是与玛格丽特夫人厅不愉快的分离。当然，关于工作本身，她并没有多说什么。在布莱切利庄园之后，她最杰出的工作是研究日本电报，之后她与丈夫一起去了伦敦大学，在那里她确实成为了一名教授，并因翻译埃斯库罗斯的《阿伽门农》而闻名。

她有很高的文化素养，为人慷慨大方，她把自己收入的很大一部分捐给养老院里的一位年老的残疾人，她还患有严重的哮喘病（体重一度只有 38 公斤）。"她很喜欢看演出——可能是吉尔伯特和沙利文，也可能是芭蕾舞或皮兰德娄，或者，她会机敏地点评最新的艾里斯·默多克小说、世界政治、瑞典酸奶配方或关于新批评学派的争论。”[1]

爱德华·辛普森（1922-2019）

爱德华·辛普森是在北爱尔兰长大的。他在贝尔法斯特读数学，并于1942年毕业后加入布莱切利庄园。他被派去研究意大利的机器密码，是破解意大利海军使用的哈格林C38M机器的小组成员之一。后来，他又转去破解日本的通信。

战后，辛普森到剑桥大学攻读博士学位，1951年，他描述出了一种两组数据结合时可能发生的统计现象：尽管每组数据本身有指向一个特定方向的趋势，但合并后的数据有可能会带来完全相反的趋势。这一现象现在被称为“辛普森悖论”。他这种洞察力，一定程度上是在布莱切利庄园的数据解释中打下基础的。

辛普森在一些行政部门任职，包括为海尔森勋爵工作，并最终升至教育和科学部的副部长。他一直是布莱切利庄园的积极支持者，并在现代博物馆的历史咨询小组任职，直到2019年去世。

1 玛格丽特夫人厅出版的《布朗书》中的悼词。

向东眺望

尽管作为敌人的意大利已经退出了战争，但 1941 年 12 月以来，又出现了一个新的敌人：日本。公认的事实是，英国人，即使是语言学家，也不可能在两年内精通日语，所以针对日本密码的工作一度被搁置了。但约翰·提尔特曼更有远见。他在 20 世纪 30 年代成功地破解了一系列不同的日本密码，并且认识到，对日语本身的深入理解并不是一个成功的密码破译者所需要的。此外，他也是一名教师。在某种程度上，"第四号情报学校"这个伪装名称根本不是伪装，因为在贝德福德的煤气陈列室里，这一学校正在传授人们密码、密码器以及破译的基本原理。提尔特曼还为现在变得多余的意大利分部开设了日语速成班，可以在六个月内完成速成。

1943 年前，只有少数破译员专注于日本材料，主要是提尔特曼本人。但是，一旦日本成为交战国，这种情况就需要改变。布莱切利庄园的日本分部从 10 号小屋的一个角落扩展到了整个小屋 4 号，后者以前是用于处理意大利海军信息的。亚历克西斯·弗拉斯托（Alexis Vlasto）是剑桥大学国王学院的一名学生，派来负责处理日本陆军航空队的通用代码的部门。这是一个书本上的代码，需要借助特殊索引中精心记录的数据，以 40 号房间的方式进行艰难的信息重建。这种工作不需要详细的日语知识，但需要有组织能力和处理细节的头脑。而且，最好还有良好的国际象棋或乒乓球技能，日本分部的密码破译者在业余很喜欢进行这些活动。

国际象棋经常被认为是布莱切利庄园破译者的一个关键技能，尽管事实上他们中的一些人，如艾伦·图灵和唐纳德·米基（见第九章），并不属于超级玩家的行列（如果他们不想被打得落花流水，就只能彼此之间下着玩了）。不过，超级棋手同样比比皆是，包括休·亚

哈利·戈隆贝克（Harry Golombek）（左）在布莱切利庄园的国际象棋马拉松比赛中，同时挑战二十名破译员。

历山大和斯图尔特·米尔纳·巴里（见第四章）。哈利·戈隆贝克和亚历山大一样，是英国国际象棋队的成员；苏格兰冠军詹姆斯·麦克雷·艾特肯也在这里；I. J. 古德（见第九章）是剑桥大学的冠军。戈隆贝克和亚历山大举行过象棋晚会，他们俩同时对付其他二十名破译员，在房间的各个棋盘上来回游走。很自然地，破译员们组成了自己的国际象棋队，并在 1944 年 12 月的一场比赛中对阵牛津大学。受到保密性的影响，赛事大爆冷门，一支名不见经传的布莱切利队以 8 比 4 击败了牛津大学，1945 年 2 月的《国际象棋》杂志特地报道了这场匪夷所思的比赛。

回到工作中，则有另一场战争要取胜。在英国人的意识中里，欧洲的战争总是更重要，但日本的密码信息却意义重大，而且不仅仅是对远东战事而言。它们给英国人提供的不止是战术上有用的信息，如船队的动向，而且还有日本和它的德国盟友之间正在计划什么。情报中包括一些细节，如德国用 U 型船向日本运送沥青岩——铀矿石，并用运输铅作为掩护，可能也是为了防止辐射。但也许最重要的一组情报来自日本驻德国大使馆，日本驻德国大使大岛浩在那里与阿道夫·希特勒本人有过频繁而详细的交谈。他返回东京的报告提供了从 1941 年开始的德国最高层思想的全面细节，它们表明德国人是如何轻信了 1944 年掩盖于法国登陆的真正地点背后的伪装计划（以及其他内容）。

U 艇战争

早在 1943 年，意大利的局势就展现了盟军战争可能的转折点，但这一变化部分得益于解决了北大西洋摇摆不定的局势。布莱切利庄园从一开始面临的最大挑战，就是海军版的恩尼格玛机，随着英国对护航船队的依赖性越来越大，解决这一问题也就显得愈发重要。

首先，德国海军使用了与空军和陆军不同的“指示器”系统，来告知信息接收者该如何设置恩尼格玛机。陆军和空军是告诉操作员如何选择三个字母的随机序列，并将转子设置在这些字母上；而海军则有一整本规则手册，要求根据一套复杂的原则进行挑选，然后在发送前还要使用“双重字母转换表”进行编码。尽管艾伦·图灵早在1939年就破解了系统的原理，并且开发了一种名为“班伯里法”（Banburismus）的技术来寻找正在使用的正确转子，但这在实际操作中并不像想象的那么有用。有两种方法可以找出正在使用的恩尼格玛机设置：使用炸弹机对“小抄”进行拦截测试，或者利用班伯里法。但是，“小抄”不是唾手可得的，要想猜测海军恩尼格玛机通信的内容，需要先破解一些信息。这已经很棘手了。而要使用班伯里法，还需要先获得“双重字母转换表”……

幸运的是，在1940年初，一艘德国船只被抓获，在船上发现了一系列秘密文件，也包括最重要的“双重字母转换表”。班伯里法是一个智力挑战，但也令人上瘾，正如琼·克拉克在1993年记录的那样：“罗尔夫·诺斯克维斯提醒我，班伯里法是如此令人着迷，以至于分析员在换班时不愿意交出手中的工作。罗尔夫很礼貌地没有直接点出，我就是其中之一。”除了班伯里法，还有约克索尔法（Yoxallismus），这是破译员莱斯利·约克索尔发明的一种统计方法，用于寻找仅由军官经手的特殊德国电文上的交叉插头。琼·克拉克还诙谐地指出：“我自己的贡献，在一两天后大大加快了常规解决方案的速度，但并没有署上我的名字。我意外地被告知，我使用了‘纯粹的迪利法’。”在这个时候，琼·克拉克和艾伦·图灵已经变得非常亲密，关于他们订婚的故事也随之而来，故事中的婚约是简短而不愉快的。

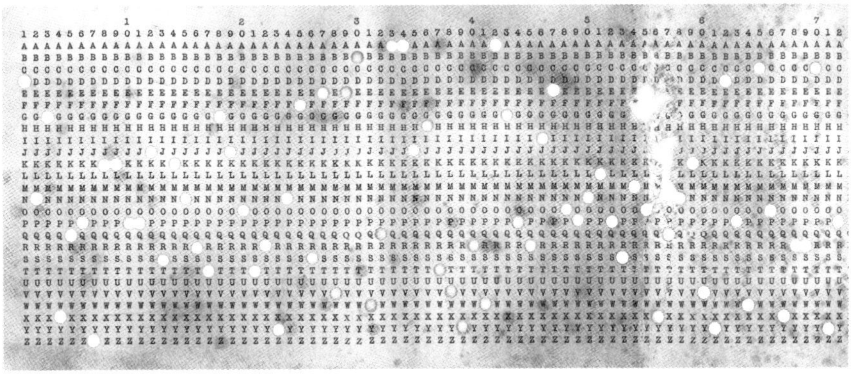

在班伯里印制的“班伯里表”，破译者们用它来辅助识别德国恩尼格玛机最右边的转子。

琼·克拉克（1917—1996）

当戈登·韦尔什曼找到他在剑桥大学最聪明的数学学生之一琼·克拉克，谈及加入布莱切利庄园时，“他说，这项工作并不真正需要数学，但数学家往往做起来得心应手”[1]。这足以吸引克拉克，即使她根本不知道这项工作的实际内容。事实上，她也确实相当擅长这项工作，以至于产生了一个问题：该如何晋升她。因为她所做的是密码分析员（cryptanalyst）的工作，但在1940年生效的、以性别为导向的规则中，密码分析员的晋升是禁止的。解决方案是让她成为一名语言学家。她按要求填写了表格（“申请职位：语言学家。语言技能：无”），并获得了晋升。到“二战”结束时，琼·克拉克担任小屋8号的副主任。

1　来自琼·克拉克（以琼·默里的名字）的讲述，见欣斯利与斯特里普（编），《解码者：布莱切利庄园的内幕》（2001），第十四章。

战争结束后，琼·克拉克被调到政府通信总部，并在那里遇到了她的丈夫。中途暂离政府通信总部时，她对钱币史产生了兴趣，为16和17世纪的苏格兰钱币研究做出了重要贡献。这实际上也是一种密码破译工作，因为过去学者们一直被钱币的顺序之谜所困扰。1962年，她回到了政府通信总部，继续从事秘密问题的研究，直到1977年退休。当时恩尼格玛机的故事刚刚进入公共视野，她退休后的工作包括帮助F. H. 欣斯利编写多卷本的史书《第二次世界大战中的英国情报》。她为人低调，受到同事们的喜欢和敬佩，是一个以谦虚低调的方式打破了她那个时代性别天花板的杰出代表。

战后，琼·克拉克在她的婚礼上。

相比之下，其他的伴侣关系要更为坚实，尽管男女混合工作在开始是桩新鲜事。主要问题倒不在于异性相处，而是轮班制度。1940年，当小屋6号开始实行这种制度时，考虑到道德风险，人们认为在夜班期间至少要有六名“女孩”在当班。但那时小屋6号总共就只有三名女性，这被认为“不足以确保遵守礼节”，于是从使用打孔纸板破解恩尼格玛机的团队中另调来了三位妇女（这时炸弹机还没有开始运行）。由于这三名临时工无事可做，她们作为陪护者的角色也很快被终止了。也许是因为陪护者的缺席，一大堆关系随着时间的推移涌现出来，也促成了不少姻缘。在我们之前提及的那些人中，玛奇·戴尔在布莱切利庄园结识了丈夫汤姆·韦伯斯特教授（出于某种原因，后者在阿拉斯泰尔·丹尼斯顿的“教授”名单中被略去了）；梅维丝·利弗在这里认识了她的丈夫基思·贝蒂；爱德华·辛普森被派去车站迎接初来乍到的贝尔法斯特女王大学毕业生，因而遇到了他的妻子丽贝卡·吉普森。

另一桩在布莱切利庄园海军部门建立起的关系，涉及来自剑桥大学国王学院的帕特里克·威尔金森。

> 1942年1月，一个叫悉妮·伊森（Sydney Eason）的女孩来到我们分局，年约18岁。她是以布莱切利庄园那样的正常方式被招募的。她家有一个朋友住在W. F.克拉克的住处附近，他写信说那边似乎有一个机构，在无条件地招募女孩从事战争工作。她身高6英尺2英寸，比我高半英寸。事实上，我们第一次意识到彼此的存在，是因为我们在一张很宽的桌子的两边工作，不得不为不小心踢到对方而道歉。

浪漫就是这样诞生的。帕特里克和悉妮于1944年2月16日结婚，然后回到了布莱切利庄园，现在已经不需要研究意大利海军的密码了，帕特里克被安排到小屋 3 号的研究部门，隶属于他的国王学院校友彼得·卢卡斯。

当帕特里克和悉妮在海军部门开始他们的桌下双人舞时，那些从事海军恩尼格玛机工作的人正经历着艰难的时刻。德国海军恩尼格玛机和其他武装力量之间有几个区别：首先，海军的每台恩尼格玛机上有 3 个额外转子可供使用，总共是 8 个。这 3 个额外的转子有不同的线路，但周转槽口位置相同，这使得“班伯里主义者”的任务格外艰巨。尽管如此，琼·克拉克还是将 1941 年描述为班伯里法的全盛时期。在这一年里，英国人能够判断出 U 型潜艇可能的攻击计划，并重新安排许多船队的路线，以远离危险。但德国海军最高司令部也在变动；他们即将投入使用 1 台有 4 个而不是 3 个转子的新恩尼格玛机。班伯里法顿时变得束手无策，而炸弹机也鸡肋了起来，因为如果要应付第 4 个转子所带来的额外变化，就要用整整 26 台机器来测试一次小抄。

最初，布莱切利庄园对四转子恩尼格玛机问题毫无头绪。想解决这个问题，需要新的工程技术，也得历经重重矛盾。1942 年对护航船队来说将是艰难的一年。这甚至比布莱切利庄园被关在德国 U 型潜艇的秘密信号之外更糟，因为德国海军的密码破译部门正在解读英国的密码，所以能确切地知道英国护航船队的位置。商船的沉没率再次上升，这一次达到了前所未有的水平。如果要赢得战争，必须确保护航船队能顺利通过。解决四转子难题是生死攸关的。不过，英国人有一个秘密武器：他们现在与美国建立了全面的伙伴关系，而美国的破译员将在大西洋之战中发挥重要作用。

第七章

美国人

The Americans

1940年法国与德国达成停战协议后，温斯顿·丘吉尔在这段至暗时刻里只有一个简单的首要目标：要想拯救英国，必须将美国拉入战争，不管是正式还是非正式的。为了达到这一目的应不遗余力。于是在接下来的几个月里，采取了一系列史无前例的措施：租借法案、《舰港互换协议》、舰队护航，以及情报共享。

能实现这一切非同小可。特别是在1940年，罗斯福面临着一次总统选举，当时显然持和平主义立场的候选人胜券在握，而伦敦的智囊团们也认为，装腔作势的帝国强硬派连同他们19世纪的态度一起投降只是个时间问题。幸运的是，丘吉尔和罗斯福之间的个人关系足够牢固，能促成一些事情。首先是航空研究委员会主席亨利·蒂扎尔爵士在1940年9月对华盛顿的访问，英国向美国展示了它最先进和令人兴奋的技术创新。从某种意义上讲，这正重演了波兰人前一年所做的努力，通过揭示只有全面合作才能破解的秘密，吸引美国人加入更密切的军事合作和规划。

只是听听英国代表团对雷达、近爆引管、喷气发动机和“合金管”（潜在原子弹的伪装名称）有什么要说的，对美国而言不会有什么损失。在一大批其他小工具、想法和武器装备之外，还暗示了更多抽象的东西——与破译密码有关。虽然不清楚指令来自于谁，但威廉·F.弗里德曼，美国陆军的首席密码学家，被要求写出一份关于密码分析交流的提案。

这样的提案显然是荒唐的，该怎样划清边界？如果英国人是想要趁机窃取美国的信息呢？美国的主要威胁来自日本，而不是德国，这种交换的价值未免令人怀疑。最大的疑问是，彼此是否信任另一方能保守最高机密。不过英国人可能有一些技术上的想法，而这些关于技术的观念可能是有用的。于是，提议得到了美国陆军情报部门的负责人乔治·V.斯特朗（George V. Strong）准将以及约瑟夫·O.莫博涅准将（Joseph O.

Mauborgne）的支持，他在蒂扎尔的会议期间被英国展示的雷达和识别敌我的技术吸引了。只差美国海军的加入，一切就能成真了。而罗斯福成为总统之前曾担任过海军部长，并且与他的继任者进行了一些政治沟通，使他们改变了主意。美国人打算分享他们的密码分析工作了。

雪莉酒的考验

遗憾的是，没有人向政府密码学校核实过，他们是否同意这种交流。最初，答案是否定的。美国密码学家赫伯特·O. 亚德利（Herbert O. Yardley）曾在 1931 年发表过一篇揭发美国在第一次世界大战期间和之后的密码破译和间谍活动的文章，这意味着安全风险必然会存在。美国没有参战，意大利人和德国人可能会获得这些秘密，然后把英国关在好不容易获取的密码之外。

政治家们的视野再次使不可能之事变为了现实。1940 年圣诞节刚过，威廉·弗里德曼就被命令前往英国。疾病使他难以远航，但到了 1 月中旬，选出了一个替代小组。代表美国的将是陆军上尉亚伯拉罕·辛科夫和海军中尉普利斯科特·库里尔，以及作为技术专家的里奥·罗森中尉和罗伯特·威克斯少尉。他们于 1941 年 1 月 25 日乘坐皇家海军的“乔治五世”号，后者的职责是护送一个以 11 节的速度穿越大西洋的商船船队。护航船队最珍贵的货物是一个秘密盒子，藏在战舰的某个角落里，它的名称是“紫色”。旅程并非一帆风顺，普利斯科特·库里尔写道：

> 我们沿着英格兰东海岸的无雷航道前进，所有的护航船队都要通过那里。第二天中午，我们接近了一支船队……一架侦

察轰炸机从头顶飞过，看到了船队，也看到了我们，大家都知道这意味着什么……我们来到甲板下层，坐在那里。我想喝点汤，但喉咙干到无法吞咽。我一生中从未如此害怕过。我们听到一枚炸弹落在一侧，又一枚落在另一侧，船只时而被震离水面，又重新落下。我听到了一些像是有人在甲板上拖着铁链的声音。德国人正在进行扫射……

当身着便装抵达一个饱受战争消耗的国家时，这四名年轻的美国军官肯定经历了某种程度的文化差异。据库里尔说，英国人在布莱切利庄园举办了一种哥特式的古怪欢迎会：

> 乡下一片漆黑，汽车乌黑大灯镜片上刮出的一个小洞里散发出微弱光芒，此外很少能看到什么灯光。当我们到达布莱切利庄园时，几乎看不到这座砖砌的大房子，没有一丝光线从遮光窗帘出来。我们被领着穿过大门，经过一个黑漆漆的前庭后，进入一个光线昏暗的走廊，最后来到指挥官丹尼斯顿的办公室。

这场折磨才刚刚开始。丹尼斯顿的私人助理芭芭拉·阿伯内西（Barbara Abernethy）描述了这个故事：“丹尼斯顿按了门铃，我拿着陆军和海军仓库里的一个大酒桶艰难地走进去，我一直盯着这些可怜的美国人看，无意识地给他们倒了几杯雪莉酒。除了在电影里，我从未见过美国人，只好一个劲儿地给他们灌雪莉酒。”

这些“可怜的美国人”在布莱切利庄园待了一个月左右。

亚伯拉罕·辛科夫（1907—1998）
普利斯科特·H. 库里尔（1912—1995）

亚伯拉罕·辛科夫1930年参加了美国公务员考试。数学和语言方面的才能使他得到了一个密码分析的职位——而他对这项工作还一无所知。1941年，情况发生了变化，他被派往英国参加与布莱切利庄园进行联络的秘密任务。他被选中的原因可能得益于他的外交和组织能力。到了战争后期，破译日本密码的技术所有权问题产生矛盾，威胁到美国和澳大利亚密码破译团队之间的和睦关系，是当时在墨尔本的辛科夫缓和了局势，并为道格拉斯·麦克阿瑟将军带去宝贵的信号情报。

普利斯科特·H. 库里尔是一名海军，退役后上了大学，之后到OP-20-G密码破译机构担任公职，在海军的密码破译工作中发挥他的语言和分析能力。“二战”结束后，他从事过各种情报工作，包括两次担任美英间的联络官，一次与政府通信总部打交道，另一次在外交层面。退休后，库里尔对《伏尼契手稿》统计模式的分析，使他得出结论：作者使用了两种不同的语言。不过这份手稿仍然是个谜。

在访问期间，美国人收获颇丰：有恩尼格玛机、用于准备查分表来剥离超级密码的霍列瑞斯穿孔制表机，还了解到德国、意大利和苏联的密码、拦截站以及将信号处理成情报的过程。英国人倾尽了全力。而另一方，美国人交出了他们特殊、无价的礼物：这个代号为“紫色”的东西根本就不是紫色的，它是一个巨大的、沉重的日本密码机复制件。这是密码破译的一次重大胜利，威廉·弗里德曼和利奥·罗森一起通过纯

亚伯拉罕·辛科夫，他是 1941 年从美国前往布莱切利庄园的秘密任务团的领导人。

粹的密码分析法逆向复原了日本的密码机。这是一个与马里安·雷耶夫斯基逆向推算恩尼格玛机相媲美的壮举，而美国人将他们重建的机器里一个完全模仿了日本原机的珍贵样本送给了英国人，后者当中没有任何人见过日本的密码机。

这也是带来麻烦的地方。作为回报，美国人希望至少能收到一台恩尼格玛机，而英国人没有多余的机器。英方没打算当葛朗台，他们愿意交出一台“纸质”的恩尼格玛机，也就是图纸。但是，英国仍然沉浸在对保密问题的担忧中，因此，这一分享过程是通过兜圈子的手续实现的：由辛科夫签署一份庄严的书面承诺，除了向他的指挥官，美国海军的劳伦斯·F.萨福德“口口相传”外，不得透露任何有关破解恩尼格玛机的信息。花了整整四个星期，才最终抵达这一合作阶段，英国人可以向美国人展示他们这边最大的秘密——炸弹机。

与此同时，这四名美国访客受到了皇家待遇。他们被安置在一个庄园里，体验了“真正的高雅生活”，这个庄园里有一个经营中的农场，能提供丰富的新鲜农产品，免受残酷的食物配给制折磨。他们有一辆车，可以参观科茨沃尔德和其他地方，也可以了解英国的密码分析情况。库里尔回忆说，在一次这样的旅行中：

> 我们的司机是个苏格兰人，有很重的苏格兰口音，连英格兰人都听不懂。我们……被当地警察拦在路障前。英国各地都有这种情况。于是，警察就看到了一辆军事车辆，后座上有两个显然不是英国人的穿便服的家伙，还有一个他们也听不懂语言的苏格兰司机，后者从车上下来，跺了跺脚……“哎，你不能这么干啊，他们在执行机密任务呢。”

他们还是被逮捕了，不过很快就被释放出来。这四个人认为自己在布莱切利庄园见到了传说中的一切，他们“被允许自由进出，在任何感兴趣的领域参观并与任何人交谈”。他们也开始了解工作环境：“家具很少，我们每人有一张桌子和一把椅子，一张纸和几支铅笔。房间有点冷，没铺地毯，有点灰，但我们很快发现，这是所有工作场所的共同条件，主任也是一样的。”不过，在他们不知情的情况下，什么可以披露、什么不可以披露的保密制度正在运行，而当访问结束时，似乎所有的事情最终都得到了解决。

虽说是几乎所有的事情，但仍然有一些小插曲。萨福德司令从一开始就反对共享密码分析，而且与辛科夫的承诺一致，这次访问的正式书面报告没有提及恩尼格玛机的披露情况。更糟糕的是，在“纸质恩尼格玛”问题上出现了混乱，由于其中一份材料在华盛顿搞丢了，因此整份文件无法被正确地理解。还有比这更糟的，美国的两个军种部门之间存在误解：陆军有一台商用恩尼格玛机，而海军没有，这就导致，那些对陆军来说非常清楚明白的技术问题让海军十分困惑，他们认为自己被故意隐瞒了重要信息。由于报告中没有关于恩尼格玛机的实质性内容，也没有实体机器，只有一套不完整的文件，一切都不清不楚，这就让人很容易指责英国没有诚意以及分享的信息并不完整，并说明整个事情都是在浪费时间。在密码破译的共享关系发展成真正的伙伴关系之前，双方都需要付出更多的努力。不仅如此，此时还需要面对从欧洲冲突向世界大战的局势转变。

BRUSA

在 1941 年春天尚是初现端倪的事，到了秋天，已成为一种必然：德国人将改变他们用来指挥 U 型潜艇在大西洋上与护航船队作战的恩尼格玛机。新版本将拥有第四个转子，这会使 1941 年下半年来一直帮助护航船队航行的三转子炸弹机彻底失效。1942 年 2 月 1 日是致命的一天，英国被布莱切利庄园称为“鲨鱼”的东西，即四转子恩尼格玛机的密电拒之门外。

“鲨鱼”的问世是致命的，虽然最初这在美国人眼里是一种荒唐的夸大。1941 年 12 月的珍珠港空袭将美国拖入了战争，而所有人都清楚，美国的威胁来自日本。不过，阿道夫·希特勒在袭击后不久就犯下对美宣战的错误，这使得美国的航线也加入了 U 型潜艇的公平游戏。

在 1942 年的头几个月，也是美国海军开始沿东海岸实行强制性护航之前，德国 U 型潜艇度过了被其舰长称为“快乐时光”的日子：在水下守株待兔，等待没有护卫的船只沿着南北航线航行，在东海岸城镇的灯火通明中映出美丽的轮廓，挑选目标再简单不过。沉没的船只越来越多，U 型潜艇的船长们也赢得了勋章。这一切都发生在英国人无法从恩尼格玛机解密中得到任何有用信息的时候，由于“鲨鱼”的引入，曾经的恩尼格玛机破译法无计可施。

必须迅速采取措施。

在 1941 年的缺乏信任并半途而废的分享尝试之后，国际合作的气氛仍然很紧张。华盛顿名为 OP-20-G 的美国海军破译单位在日本问题上手忙脚乱，自 1941 年学到恩尼格玛机和炸弹机的知识后，适应大西洋新挑战的努力被搁置了。显而易见的解决方法是进行分工：英国人负责恩尼格玛机，美国人则专注于日本问题。双方都调整了姿态。约翰·提尔特曼（见第六章）于 4 月访问了 OP-20-G，而 OP-20-G 也和现在负责布莱切利庄园的爱德华·特拉维斯中校（见第五章）进行了对话，继续探讨解决四转子问题的最新进展。

实际上，进展很慢，对美国人来说更是太慢了。也许英国最终会解决四转子问题，但如果不更积极地把新技术应用在这个问题上，无数船只将被击沉，无数生命将会逝去。美国人决定启动他们自己的项目，设计和建造一种可以杀死“鲨鱼”的新型炸弹机。

特拉维斯接受了这一现状，并准备提供一台英国的机器，邀请美国破译员进一步“找出所有关于英国‘E’（恩尼格玛）问题可能的细节”。就这样，美国海军罗伯特·B.埃利和约瑟夫·J.埃斯库斯（初级）中尉横渡大西洋，来到了布莱切利庄园这片神秘之地。布莱切利庄园的工作人员都签署了一份《官方保密法》，这是一种加入仪式，也是秘密的一部分——意味着他们不会向来访的美国人透露任何信息，至少是在没有特别安排的前提下。这些安排需要正式做出，其中也包括糖的供应。约瑟夫·埃斯库斯发现自己被美国海军指定为一个“独立单位”，这意味着他可以按这个标准提取物资，而“独立单位”通常指的是整艘船。因此，他能够得到英国配给下的 45 公斤袋装糖和 9 公斤罐装咖啡。“所以，当我去其他办公室询问他们的工作内容时，我会带上一杯糖，这会让我更受欢迎。”埃斯库斯太谦虚了，毫无疑问，糖起了作用，但他的个人魅力和才智贡献——包括对进展中的炸弹机设计——也功不可没。

特拉维斯正在与他的 OP-20-G 对手们达成和解，最终于 1942 年 10 月 1 日签署了一份正式协议。这是第一次明文落实了合作内容。美国人将拥有对日本通信的优先权，也就是英国人将不得不解散他们在肯尼亚和澳大利亚的监听站，并依靠美国人传递他们所破译的信息。同时，英国人可以“在政府密码学校保持一个研究部门，以便不与日本问题失之交臂”。至于德国的信号，英国人同意“在德国潜艇和海军密码分析上全面合作”。协议有些单方面考虑：作为更紧密合作的代价的一部分，英国人放弃了他们在密码破译方面的优势，尽管双方都接受英国“将成为大西洋战区的协调人，就像美国在太平洋战区一样”。[1] 双方在

1　记载于英国国家档案馆。

攻击日本密码的责任划分上也很难达成一致——美国人想要独占，但英国人无法接受自己只能收到盟友提供的有限信息。虽然在当时和之后都面临重重困难，1942 年的协定还是一个了不起的成就。正式同意共享一些秘密，对两国来说都是一次重大的信任飞跃。这一信念也得到了落实。特拉维斯 1942 年签署的协议为之后一些系列条约开了头，这些条约后来被统称为“BRUSA”，代表着英国–美国。

德施炸弹机

与此同时，美国人也没干等着英国人开发出破解四转子恩尼格玛机的炸弹机。在俄亥俄州的代顿，有一家国家收银公司的工厂，正在开发一种全新的炸弹机。该项目由约瑟夫 · R. 德施博士领导，他面临的问题是如何以足够快的速度获得鼓组（炸弹机的旋转部件，用于模仿恩尼格玛机转子的动作）。麻烦在于，一个四转子的恩尼格玛机有 456,976 种可能的转子配置。如果每秒钟测试 10 个配置，仍然需要 12 小时才能完成测试。布莱切利庄园的三转子炸弹机能够在 10 多分钟内完成工作，这对需要在当天破译密码来说是现实的；但 12 小时就不行了，因为每到午夜，恩尼格玛机的设置就会改变。

约瑟夫 · R. 德施（1907—1987）

约瑟夫 · 德施（又称乔 · 德施）出生在俄亥俄州的代顿市，离莱特兄弟拥有的自行车店大约一英里。工程学在当时很流行，德施本人在 1938 年加入国家收银公司时，已经建立起了创新工程师的声誉。他的成就之一是在 1940 年建造了一个数字电子计算器——当时的计算机器仍然是机械式的，或者

乔·德施（Joe Desch），发明了部分零件电子化的美国四转子炸弹机，攻击用于U型潜艇的恩尼格玛机。

像英国的炸弹机那样依赖电气继电器。而正是德施对使用电子阀或电子管进行计数的深刻见解，让他制造出了美国的炸弹机。

问题在于，开发炸弹机不是一项没有压力的工作，德施不得不应对长期到访的官员们，而他的房子本身就被叫作“安全设施”，有一个海军警卫一天 24 小时跟着德希。1944 年 11 月，他一度罢工：“他们一直在威逼、催促和压迫我，告诉我必须得把问题解决，因为我的同胞们正在不断死去。”德施并不是唯一一个被逼到极限的人。早在 1940 年，OP-20-G 的负责人就已经报告了一起自杀和两起精神崩溃事件。德施最终被劝回来继续工作，但他与海军雇主之间的关系是永远不会轻松的。

战后，德施开发了第一台全固态计算机，并担任国家安全局科学顾问委员会的成员。

1947 年，在一个秘密仪式上，乔·德施获得了美国平民服务的最高荣誉：国家功绩勋章（Medal for Merit）。只是，由于这是一项秘密工作，他甚至不能告诉家人自己为什么会被授予这一奖项。

乔·德施换了个角度看待这一难题。问题不是出在鼓的旋转速度太慢——他可以轻松地加快它们——而在于“过冲”。当布莱切利炸弹机找到一个合理的恩尼格玛机设置时，它会停下来，操作员就可以从“指示器”鼓中读出转子配置。但是，快速旋转四转子机器鼓所依赖的纯粹动能会让它们在远远超过关键点之后才能停下来。

乔·德施是一位电子专家。他一直在开发“闸流管”作为计数器，这是一种像灯泡一样充满气体的装置，它可以通过电子开关运行。这种管子可以被改造成快速移动炸弹机的存储器，电子技术与炸弹机相遇了。

特拉维斯促成 BRUSA 协议的一个结果是，艾伦·图灵将访问美国。他不是第一次来了。图灵曾在普林斯顿大学学习了两年，而到 1938 年秋天回到英国时，英国已将被卷入另一场战争中。这次新的访问有多重目的，而且都与学术研究不同。在待办事项中，有一项是到代顿拜访德施，讨论电子炸弹机的开发。

从东海岸坐了很长时间的火车后，艾伦·图灵于 1942 年 12 月 21 日到达代顿。陪同他的是一些美国海军工作人员，还有华盛顿的英国军事联络小组的史蒂文斯少校和约瑟夫·埃斯库斯，图灵于那年早些时候，在埃斯库斯调查访问布莱切利庄园时见过他。当时，德施的电子记忆机制还没有开发出来，而“过冲”的问题则是通过倒转机器来解决的——图灵认为这没有必要，而且可能会给机器带来压力。但其他的创新是相当有吸引力的，例如用开关取代连接在物理插孔上的线绳，不然每次重新编程时都必须处理炸弹机，以及“电阻板”（一种自动测试几个恩尼格玛机插件板设置的装置），还有埃斯库斯自己在布莱切利庄园期间想到的一些创新，正在被实现。

图灵博士的麻烦

美国的炸弹机项目看起来进展良好，尽管还需要几个月的时间来完善部分电子设计，并解决制造和其他磨合问题。对艾伦·图灵来说，更直接的问题是没有地方住，所以他最后在乔·德施家的一个床垫上躺了下来。人们可以猜测图灵在代顿的几天里，发生的关于电子和计算机械的可能讨论，以及这对战后计算机发展的影响。

1942—1943 年间，图灵在美国的长期逗留还有其他目的。访问代顿只是一部分，在华盛顿和纽约，他还有其他事情要处理，还有其他人要见。在这些机密项目中（甚至后来图灵不得不向他的朋友否认自己战争期间访问过美国），有正在开发的代码为 X61753 的仪器。这个设备非常庞大，使用了 40 个设备架，重达 50 吨——而它只是一条电话线的附件。

图灵被派去检查的这个秘密项目，是为了解决丘吉尔与罗斯福总统使用电话沟通时必定存在的安全问题。物理电话线可能被窃听，但在两端进行安全设置将有效减少这种可能性。问题出现在中间，在大西洋彼岸，电话是通过无线传输的。如果无线信号没有以某种方式加密，它们就会被截获，任何人都可以监听。而德国人当然一直在监听。巨大的 X61753 设备必须被安装在线路的每一端，实时加密和破译对话，这样丘吉尔就可以在阿道夫·希特勒不知道他在说什么的情况下，向轮椅上的罗斯福尽情展现自己的口才。

这一切计划得都不错，只不过 BRUSA 协议是与美国海军而不是陆军签订的。陆军不知道图灵是谁、为谁工作，以及地球上怎么竟会有人认为，这个没有有效安全许可的英国人可以在他们最秘密的设施周围徘徊。

军队的立场可能看起来像一场喜剧，但它差点演变成了悲剧。显然，英国人希望新的电话系统由他们的密码学专家进行检查，所以请求给予安全许可，得到的回答是“不”。问题恶化后，答复仍然是“不”。于是，英国人威胁要退出在过去两年里勉强达成的情报合作协议，直到参谋长乔治·C. 马歇尔将军下令说，图灵可以进行检查。一场外交灾难避免了，艾伦·图灵批准了该设备，并于几个月后，在伦敦也安装了一台“绿色大黄蜂”（Sigsaly）机器，以便丘吉尔和罗斯福安全地聊天。

0192-A 号货物

当人们对电话加密大惊小怪的时候，美国军队却有更迫切的问题。令人惊讶的是，X61753 的业务恰好在这个节骨眼上抵达了马歇尔的办公桌——这充分体现了双方对它的重视程度。因为美国在 1942 年 11 月初入侵了北非，这个巨大钳形攻势的一方旨在彻底粉碎德国的非洲军团，以及和德国-意大利沿地中海南部的联合行动。登陆行动进行得很顺利，但随着 1942—1943 年冬季的到来，出现了一些挫折。最重大的挫折发生在 1943 年 2 月，当时美军在卡塞林山口战役中遭到伏击并深受重创。其根本原因是情报工作的失败。获取“至高（机密）”的联络系统——从破译的密码中获得的“特殊情报”——没有发挥作用。

显然，需要一个军队版本的特拉维斯 BRUSA 协议，特别是如果由布莱切利庄园负责制作译电文和情报评估的话。1943 年 5 月 17 日，美国陆军部与政府密码学校签署了一项新协议，它比 1942 年的协议大胆得多。新协议写道：“美国和英国都同意完全交换所有关于探测、识别和拦截来自轴心国军队和空军（包括德国军事情报局）的信号，以及处理其使用的密码和口令的信息。”而这仅是协议的第一条。信息情报合作的时代到来了。

几周后，一支新的美国分队在阿灵顿厅集结，这曾是一所女子学校，就在华盛顿特区的中心外。阿灵顿厅成为了美国军队和外交密码破译的总部，与美国海军的密码破译机构相对应，后者被安置在弗农山女子学院（位于城市对面的另一所前女校）。阿灵顿的新兵们发现自己被命名为 0192-A 号货物，运送目的地是英国。他们的领导是威廉·P. 邦迪（William P. Bundy），“他不是职业信号情报人员，在 1941 年被征召入伍，他表现出的能力和安静高效的个性，再加上波士顿风格的正经气质，让他显然有资格担任这项工作”[1]。

威廉·P. 邦迪（1917—2000）

邦迪来自一个知识分子家庭，理所当然地以班级第一名的成绩高中毕业，然后先是进入耶鲁大学读历史，再是哈佛大学法学院。战争打断了他进入法律界的计划，被派往美国陆军信号部队后，他来到布莱切利庄园工作。当他离开英国时，获得了美国军团荣誉勋章并被授予大英帝国官佐勋章。

不过，这只是一个开始。在一家律师事务所工作后，邦迪加入了中央情报局，担任负责远东事务的助理国务卿，并发现自己处于要为越南战争提供建议的糟糕处境里。肯尼迪、约翰逊和尼克松三位总统都得到了邦迪关于战略和冲突的建议。邦迪对尼克松的国家安全顾问亨利·基辛格提出了批评，基辛格则回以带刺的赞美。“国务院的每个人都想在背后捅我一刀，除了邦迪。”基辛格抱怨说，“他显然还算是一位绅士，选择往我的胸口捅刀子。”

离开政界后，邦迪成为普林斯顿大学的教授。知道了这样一份出色的人生履历，再读到邦迪将他在小屋3号里的日子描述为“我职业生涯中最美好的时光”，可能会让人感到惊讶。

乘坐“阿基坦尼亚”号邮轮横渡大西洋，对密码破译预备员们来说，是在挑战舒适程度和耐性。作为军官，他们“坐在铺有白色桌布

1　托马斯·帕里什，《美国之“至高（机密）”》（1986），第100页。

威廉·P. 邦迪离开布莱切利庄园之后，先后成为肯尼迪、约翰逊和尼克松总统的越南问题顾问。

的桌子旁，受到库纳德公司的服务员侍候”[1]。但食物始终是英国式的，邦迪的一个同伴塞尔默·S. 诺兰（Selmer S. Norland）觉得早餐中的腌鱼和腰子简直难以下咽。抵达伦敦后，美国人惊讶地观察着市中心的战争废墟，坚固的圣保罗大教堂不知何故仍矗立在废墟中。不过这里有啤酒，有女孩，还有剧院，情况也不算太糟糕。8 月底，他们被派往一个不知名的地方。他们被安置在离布莱切利约 32 公里的贝德福德，像普通的上班族一样乘火车通勤。邦迪本人住在离布莱切利约 16 公里的莱顿巴扎德（Leighton Buzzard），但方向相反，他是乘公共汽车通勤。然而他们仍然是一个团队，有自己的团队编号，即第 6813 信号服务分队。

塞尔默·S. 诺兰德（1916—2016）

塞尔默·诺兰德出生在爱荷华州一个讲挪威语的农业家庭。上学的第一天，他就让老师必须学习挪威语，因为他不会说英语。随着时间的推移，诺兰德成为了一名出色的语言学家，他拿到德语学位，之后自己去教授这一学科。当他 1942 年开始军队生涯时，不可避免地被安排到一个情报岗位，然后跟随邦迪的团队来到英国。

随着战争接近尾声，诺兰德成为被派往德国的一组密码分析员中的一员，以查明德国人积累了哪些破译技术，并审问德国的破译员。1945 年 5 月 23 日，他的小组偶然注意到了一个巨大的、甚至更重要的发现，即德国人用来截获和解密苏联电报机信号的 12 箱设备，重约 7500 公斤。诺兰德不

1 保罗·惠特克，引自托马斯·帕里什《美国之“至高（机密）”》，第 101 页。

得不将这些珍贵的、高度机密的货物运回英国。这是冷战的一次早期袭击，即使当时苏联仍与美国处在结盟状态，冷战也已经开始了。

诺兰德获得了大英帝国员佐勋章，并在战后加入了美国国家安全局，1974 年“退休”后仍在那里工作。

对于来到布莱切利庄园的美国人来说，文化冲击可能很严重。正如 1944 年抵达的兰迪斯·戈尔斯（Landis Gores）所观察到的那样，他们需要应对英国人的饮食习惯。

虽然官方名称是餐厅，但几乎所有人都叫它食堂。其中央有一条独特的自助服务线，长长的桌子和粗短的椅子延伸到两翼，后面只有被轻微遮挡的厨房。它的菜谱和陈设一样简单，有煮牛肉、煮土豆和煮卷心菜，甜点是蒸布丁，上面有黄色的（大概是）柠檬酱，咖啡和牛奶放在缸里，牛奶当然是粉状的。糖要记得自己带。

即使是庄园建筑本身也让人难以接受：

庄园大概在 1960 年建成[1]，以一种不加选择地模仿都铎建筑的方式，用独特的暗红色砖，配以米色的拱形石装饰和各种石头质地的镶边装饰……旁边还有兽皮、塔楼、窗台和拱门，所有这些都被无数的多孔烟囱覆盖，位置和构造完全不受控

1　原文如此，可能为笔误。布莱切利庄园的主建筑是在 1883 年后建成的。——译者注

制，只能以不协调、毫无重点和不可理喻的呈现方式进入人们的视线，简直难以接受。

在接下来的几周里，美国人彻底沉浸在恩尼格玛机的传说中。他们隶属于小屋 3 号——现在位于全新但不美观的砖混结构大楼中。因此，小屋 3 号获得了一个新部门——3 号美国小屋，负责在布莱切利庄园和华盛顿之间进行联络。不过，通过华盛顿向艾森豪威尔将军传递消息十分低效，所以他们的任务很快就演变成了人员分配以及情报分析职能，向战术指挥部提供满载信息的情报官员。情报人员从小屋 3 号被派去加入艾森豪威尔的陆军和空军，充当“至高（机密）”情报的生产和用户之间的桥梁。

兰迪斯·戈尔斯（1919—1991）

兰迪斯·戈尔斯是一位建筑师。他轻盈、舒适的设计方式免受战后粗野主义的腐蚀，现代、简约，同时也是人性化的。他对布莱切利庄园这一万花筒式“建筑甜点”的反应不在意料之外，尽管戈尔斯特有的哥特式写作风格让它听起来很恐怖，一个现代的参观者可能会不同意这种判断。

虽然只在布莱切利庄园待了一年多，但戈尔斯还是写了自己关于这个地方的回忆录——用长达 769 页的冗长的华丽辞藻，描绘了关于他的同事、工作和周遭环境的最微小（但在最后的总结中，也是迷人的）细节。他的写作风格与建筑风格有如此大的差别，真是个奇迹。

戈尔斯本人曾在普林斯顿（巧合的是，艾伦·图灵同一时间在那里攻读博士学位）和哈佛接受教育。1942年，戈尔斯加入了美国陆军，来到布莱切利庄园，并在小屋 3 号（当时位于

戈尔斯馆，这是一座以建筑师（也是密码破译者）兰迪斯·戈尔斯特有的简洁风格设计的建筑。

一栋名为D区的新建砖楼里）度过了战争。尽管他的职业和战争工作之间存在着明显的差异，但戈尔斯成为了一名出色的解密译员，在战争结束时，获得了军团勋章和大英帝国官佐勋章。

战后，他作为建筑师的生涯开始飞黄腾达——直到1954年被小儿麻痹症击倒。他的客户很难想象他们的建筑是由一个坐在轮椅上的人设计的，自身具备的才华使他克服了众人的偏见。戈尔斯家的房子现在已被列入美国国家历史遗迹名录。

并非板球

然而，与权限问题有关的紧张氛围并没有完全消失。麻烦在于泄密。1942年期间，英国人注意到，本来应送往华盛顿的美国关于北非战区的感谢信，被德国人截获并读到了。后来，在1943年8月，布莱切利庄园的另一份解密文件表明，美国海军部一位未透露姓名的高级官员曾告知德国军事情报局，盟军正在读取U型潜艇的信号。同月，从一开始就支持英美信号情报合作的乔治·V.斯特朗将军访问了布莱切利庄园。在他的议程中，有一场与特拉维斯中校的冷酷执行官奈杰尔·德·格雷（见第一章）的会谈。

当他离开会谈时，斯特朗将军同意，只要将材料直接送到前线，让战斗的将军们获知情报就足够了，根本没有必要将小屋3号的成果送到华盛顿。当然，华盛顿每隔一段时间也会收到一份最新摘要。在这点上，这位善良的美国将军“吃亏”了。

回到华盛顿，斯特朗有一堆事情要处理。没过多久，斯特朗-德·格雷协议就被废除了。除去第6813信号情报分队，布莱切利庄园现在还有了第6812分队，他们负责管理的英国炸弹机部门是专门投入于美国工作的。服役人员也开始流动，这让美国人不再是一种“稀奇生物”，而是成为同事中的一员。在布莱切利庄园欢迎新同事吧，新鲜的美国咖啡立刻带来了友谊，跨大西洋的联盟甚至还促成了几场婚礼。

文化障碍是可以克服的。塞尔默·诺兰德是一个明星棒球投手。1940 年的第一个夏天，他就已经在布莱切利庄园的草坪上打球了，所以向英国人传授棒球的努力也不算彻底失败。诺兰德的同事保罗·K. 惠特克（Paul K. Whitaker）认为，英国人对棒球球棒的适应能力要强于美国人学习板球的能力。让美国人学习板球是英国人的反击。显然，棒球的规则包括一些礼仪，如“通过扣球、踢球、夹球或丢球来干扰试图接球的外野手，会使干扰者的嘴部遭到猛击”，以及“如果要采取挖眼战术，每只眼睛只允许用一个拇指”。尽管这些“规则”是笑话，但相比之下，板球似乎有些原始。板球的主要问题是跑动时要记得拿着球棒。

与此同时，在华盛顿，有一个不同于体育活动的来回奔波。1943 年 9 月 12 日，经过一夜的旅程，从一辆出发自俄亥俄州代顿的铁路车上卸下一些巨大的收银机。仅仅看一下这些包装箱的大小，就足以表明，尽管有着国家收银公司的标志，它们可能根本就不是装收银机的。

这就是前六台德施炸弹机。每周都会有另一列火车运来另外“六枚炸弹”，直到安装满 120 台半电子机器。它们是由“WAVES”（女子志愿服务应急部队）操作的。WAVES 是自愿参加紧急服役的女性，相当于美国版的英国皇家海军女子服务队协会。在代顿和阿灵顿大厅都有 WAVES，据估计，有超过 10,000 名 WAVES 在密码破译的岗位上工作。和英国一样，美国妇女也在与四转子恩尼格玛机作战，以击败 U 型潜艇。

其实，英国人开发破解四转子恩尼格玛机的努力并没有完全搁置。他们有些慢热，但四转子炸弹机也开始在布莱切利庄园的外围站运行。这不仅是英国发明创造的成果，也是竞争和争议的结果。布莱切利庄园仍需经历另一场内战，但机械现在仍是密码之战中的主要力量。

第二次世界大战初期，破译员们在布莱切利庄园的场地上打棒球。

第八章

机器之心

从破译员们得知他们需要一个四转子炸弹机来破解 U 型潜艇的恩尼格玛机以来，已经过去了 18 个月，但仍然毫无进展。这并不是由于缺乏尝试，恰恰相反，可能是因为大家都太努力了。

最初的决定是让工作出色的莱奇沃思英国制表机公司工厂专注于生产三转子炸弹机，而不是被一个全新的复杂工程项目分散注意力。四转子解决方案需要作为标准三转子机器的补充，而特拉维斯中校认为他已经找到了进行创新所需补充的人手和资源。

C. E. 怀恩-威廉姆斯（C. E. Wynn-Williams）是一位讲威尔士语的工程师，在电信科研机构从事雷达研究。1931 年，他发表了一篇关于使用“闸流管”进行自动高速计数的开创性论文。闸流管是一种气体填充管，与其他电子实验中用作开关的电子管或真空管密切相关，美国的乔·德施（Joe Desch）总是如此应用。发明创造正围绕着电子学展开。

奇怪的是，怀恩-威廉姆斯正在考虑的第四个转子解决方案是一个机械动力装置。它将有一个轴以 2000 转 / 分的速度旋转，从而制造和打破第四个转子带来的额外 26 个电气连接。除非把炸弹机减慢到一个不可接受的速度，否则这些连接将每秒钟至少有 400 次的连接和断开。这非常精妙，因为灰尘或震动都可能会破坏连接或导致短路。以这种速度驱动机电技术是将机械推向其极限。新设备必须与炸弹机本身隔离，通过墙上的一个洞，一条黑色的粗大电缆将这两个设备连接在一起。正因为如此，这台机器被称为“眼镜蛇”。

怀恩-威廉姆斯的聪明才智没有充分展现在“眼镜蛇”的设计中——它起初不是很成功，连接会在高速下“反弹”——而是在“感应”机制中表现出来，即检查是否找到了恩尼格玛机设置正确或合理的配置。炸弹机的关键就在于所停留的转子组合位置上，操作员可以利用这些位置来发送他的加密信息，因此“感应”机制也需要超高速，每秒钟能从 400 个或更多的位置呼啸而过。怀恩–威廉姆斯的解决方案是使用电子阀来制造一个传感装置，该装置从检测到停止时的切换速度远远超过任何机械部件；这也正是乔·德施在俄亥俄州的代顿市研究的解决方案。他的传感装置在 1942 年秋天准备就绪，但“眼镜蛇”的延误和问题意味着它不能被投入测试。

计划由邮政总局建造特殊的怀恩–威廉姆斯电子感应装置。邮政部一直在试验使电话交换台的开关实现电子化，他们有这个能力，更重要的是他们有足够数量的电子阀可以使用。就在这时，事情开始出错了。

高速旋转

邮政总局研究站位于伦敦北部多利斯山，电子小组由汤米·弗劳尔斯（Tommy Flowers）领导。弗劳尔斯是一位电子工程大师，一旦向他解释了当前的问题，他就能立即反应过来需要什么。换句话说，他决定设计一个自己的传感单元。这样一来就有了两个相互竞争的装置模型，尽管还没有一个四转子炸弹机来测试它们。

汤米·弗劳尔斯（1905—1998）

如果没有汤米·弗劳尔斯的雄心和自信，布莱切利庄园以及英国计算机的故事，可能会变得截然不同。据说，弗劳尔斯五岁时就表示，比起得知他妹妹的出生，更希望拥有一套梅卡诺套装[1]。离开学校后，弗劳尔斯在伍尔维奇的皇家兵工厂当学徒，学习机械工程的工艺。但这对于弗劳斯来说还不够。1922 年，他报名参加了一个夜校课程，以获得电气工程学位。1926 年毕业后，他加入了邮政总局，并于 1930 年调到位于多利斯山的研究部门。

在建造基于电子管的巨像（Colossus）机器方面的执着精神，使他付出了昂贵的代价。战后，政府向他发放了 1000 英镑的特惠奖，但这甚至抵不上弗劳尔斯购买用于制造巨像的设备的个人投资。据说弗劳尔斯还试图申请银行贷款来建造一台电子计算机，但被拒绝了，因为银行不相信能造出这种机器，而粗暴的官方保密法让弗劳尔斯没法告诉银行，其实这样的机器已经有好几台了。

弗劳尔斯是个见证者。20 世纪 90 年代，当巨像项目终于开始揭开面纱时，弗劳尔斯是主要倡导人，向公众解释了所发生的一切以及它与计算机发展的关系。然而，报纸上关于布莱切利庄园的巨像项目和计算机的报道，仍然是一片混乱：版面上通常有一张无关紧要的恩尼格玛机的照片，而洛伦兹的故事和内在复杂性，以及弗劳尔斯的成就，都被推到了一旁。

还有更复杂的状况。哈罗德·基恩，英国制表机公司忠诚的首席工程师，也一直在研究他自己的传感装置，并且完全是在布莱切利庄园的了解和祝福下进行的。他的装置被称为“猛犸象”，任务是测试多种交

1　可以用各类钢铁部件建造工作模型和机械装置的玩具。——译者注

汤米·弗劳尔斯（Tommy Flowers），他为巨像设计的电子存储器预示着战后时代的计算机技术。

叉插接。图灵和韦尔什曼设计的基本款炸弹机找到三个转子的可能设置，以及十个可能的交叉插接中的一个，然后需要一个人工过程来剔除“错误停止”，这会导致其他交叉插接中出现矛盾。例如，如果“C”应该插在“R”上，就不可能插在“X”上。而“猛犸象”的设计就是为了自动排查这种情况。因此，现在有三个传感单元解决方案在同时研发中。如果这还不够复杂的话，基恩医生也从一开始就意识到了四转子的问题，他认为自己可以创造一个快速的四转子炸弹机，而不需要“眼镜蛇”。基恩有了一个快速机电继电器的想法，它可以在所需的速度下工作，并具有良好的可靠性——需要做的只是让三转子炸弹机上的快速转子稍慢一点，以便它的系统发挥作用。

（“医生”）哈罗德·基恩（1894—1973）

“医生”基恩是一位钢琴家，在他十几岁的时候，曾被任命为霍克斯顿的圣约翰教堂的风琴师，教堂靠近伦敦老街的现代“硅环岛”。不过他的职业生涯在于工程学，特别是机械工程和电力的交叉领域。他的整个职业生涯都是在英国制表机公司以及其前身和后继公司度过的。

在第一次世界大战期间，基恩曾在皇家空军服役，在那里他获得了发动机方面的更多的经验。他的想象力和创造新设计的能力——在战时的几年里获得了60多项专利——使他成为英国制表机公司的总工程师和设计与开发主管。“二战”结束时，他被授予大英帝国官佐勋章。1973年，当恩尼格玛机的故事开始进入公众视野时，有人找到他，希望他能写出自己对炸弹机项目的看法。但得到的回复是否定的，即使是基恩，也被《官方保密法》管束着。

为什么是“医生”基恩？因为他把他的工具、文件和其他零碎物品放在一个医生的包里——这是工人的工具箱和专业人士的公文包之间的一个巧妙妥协。因此，他的工程师伙伴们称他为“医生”基恩，而且这个称呼一直延续下来。

1942—1943 年的冬天，多利斯山的传感装置开始进行测试。一台名为“弗里曼特尔”的炸弹机从破译任务中调给弗劳尔斯和他的同事。在进行测试时，他们改变了“弗里曼特尔”的快速转子驱动机制，而且没能对机器中的一个关键齿轮进行润滑。这导致“弗里曼特尔”出现了故障，并被停用了六个星期。破译员们对此非常愤怒。

如果这一切还不够糟糕，那么布莱切利庄园和邮政总局之间不妙的关系开端看起来要让情况变得更差。弗劳尔斯和他的老板 W. G. 拉德利博士认为：他们的传感装置比怀恩–威廉斯的设计更受青睐，现在，对他们项目的威胁来自基恩和他的高速继电器。于是，正在大力推动他们的电子感应解决方案。怪事是，虽然他们对“弗里曼特尔”束手无策，弗劳尔斯和拉德利却宣称他们比经验丰富的基恩更了解继电器和机械工程，他们说基恩的高速四转子炸弹机必然会失败，并敦促布莱切利庄园放弃基恩。

这在戈登·韦尔什曼看来有点过分了，他不得不从作为小屋 6 号负责人的主要职责中抽出时间，来解决工程师之间的争斗。他与基恩在许多问题上合作了三年多，尊重他的判断力和多才多艺。基恩的四转子原型机已经过测试，而且即将投入工作。拉德利博士的大叫大嚷是不合时宜的。这一问题必须得到解决，但如果韦尔什曼插手，布莱切利庄园和邮政总局的关系就算是彻底完了。

就像布莱切利庄园许多棘手的外交问题一样，事情最终被推到了奈杰

“医生”基恩是将图灵–韦尔什曼炸弹机概念变为现实的工程师，并且在整个“二战”期间是政府密码学校的忠实支持者。

尔·德·格雷的办公室，作为特拉维斯冷酷的二把手，他直接把拉德利的胡言乱语抛了回去。因为布莱切利庄园对尖端技术的要求很高，被辞退的风险很真实，拉德利不久就退缩了。对他和弗劳尔斯来说幸运的是，特拉维斯本人很想让邮政总局的工程师们继续工作，于是矛盾得以无疾而终。

1943 年春天，布莱切利庄园的外围站开始接收按照基恩的规格制造的高速四转子炸弹机。最终，这些机器中有 56 台将被投入使用，它们的可靠性从未受到怀疑。但“眼镜蛇”也没有被放弃。高速情况下电接点的“弹跳”问题最终得到了解决，这些巨大的机器中有 13 台也被投入使用。电子传感技术不仅在英国，而且在美国都得到了证实，电子管的时代即将来临。但在此之前，还有另一个问题也涉及到机器。

霍列瑞斯的遗产

正如“邪恶的叔叔们”的信所表明的那样，戈登·韦尔什曼在必要时可以不顾指挥系统，向当权者指出令人不快的真相。幸运的是，他与顶头上司特拉维斯司令有足够牢固的关系，所以由他向特拉维斯发出关于四转子炸弹机惨败的温和意见是合理安全的。谨慎起见，韦尔什曼与奈杰尔·德·格雷一起面对这一切（包括写了一份密密麻麻的 10 页记录）。几周后特拉维斯可能会更惊讶，他收到了另一份长篇大论的备忘录，其中的沮丧和失去尊严感从第一段就爆发出来。

这封信不是韦尔什曼写的，而且都是关于特拉维斯所依赖的那个人的麻木不仁。不是别人，正是奈杰尔·德·格雷。它来自布莱切利庄园霍列瑞斯机器部门的负责人弗雷德里克·弗里伯恩，起因是德·格雷问弗里伯恩先生是否“有一两个特别的女孩，（弗里伯恩）可以完全信任她们来处理这些重要文件”。

弗雷德里克·弗里伯恩（1897—1977）

弗里伯恩总是被称为“弗里伯恩先生”（不称呼名字，也没有绰号）。一些年轻工作人员不得不去C区，为大规模重复、需要耐心和准确性的众多例行破译任务寻求机械化解决方案。对他们来说，弗里伯恩是一个距离感比较强、控制欲旺盛，可能令人生畏的人物。“他是一个商人，而且总是穿着商务套装。关于工作的每一次讨论，都是与弗里伯恩先生本人进行的，他掌握一切细节。我总是去他在C区的办公室，而他从不来我的办公室。”[1]

尽管如此，弗里伯恩在需要的时候还是会作秀，特别是在1941年丘吉尔来访的时候。在首相访问期间，机器（当时在小屋7号）被协调为同时启动和停止，时间很短。当展示结束时，所有机器都爆发出一种机械式的鼓掌声。这似乎给那位伟人留下了深刻的印象。弗里伯恩先生的秘书把丘吉尔的雪茄烟头从烟灰缸中偷出来，作为珍贵的纪念品保存起来。

弗里伯恩是伦敦大学的毕业生，他的才能不仅仅是组织能力。组织好霍列瑞斯机器的运行，实际上是变相的计算机编程，尽管当时这个词还没有被发明出来。更重要的是，它需要专业的工程知识，因为机器需要被改造以满足布莱切利庄园的特殊要求。在这身商务套装的里面，有着一个强大的大脑。弗里伯恩在战争结束后获得了大英帝国官佐勋章，并从布莱切利庄园永久地转到政府通信总部，继续他的高效运作。

1　爱德华·辛普森，见拉尔夫·厄斯金和迈克尔·史密斯（编）的《布莱切利庄园密码破译者》（*The Bletchley Park Codebreakers*，2011），第139页。

赫尔曼·霍列瑞斯于1929年去世了，因此不能说自己是布莱切利庄园的破译员。但他是一位先驱者，他的打孔卡分类和制表技术是布莱切利庄园战时最大的现场机器部门的核心。从1940年初开始，就有一个由编程专家和工程师组成的专门小组，由弗里伯恩和英国制表机公司的两兄弟罗纳德和诺曼领导，长期驻扎在现场。起先，他们住在小屋7号，因为“作为一个木结构建筑，工人们比较容易拆掉墙壁和隔板，进行多次的扩建”，所以小屋7号已经变大了不少。但是到1942年底，这种权宜之计也达到了极限，机械师们搬进了新的砖楼，也就是C座。

到了这个阶段，每个人都知道该怎么做。“一些密码分析部门倾向于告诉弗里伯恩如何使用他的机器来解决每个问题。”韦尔什曼多年后写道：“当然不是所有的密码分析部门都犯了对弗里伯恩发号施令的错误。”爱德华·辛普森指出，如果你犯了这个错误，或者如果你在准备不足的情况下就来找弗里伯恩，你的工作就可能会被延后。这当然制造了一些紧张关系，但没有人会怀疑弗里伯恩或其员工的正直，即使他们来自英国制表机公司。德·格雷失误了。

在布莱切利庄园，霍列瑞斯机器的使用方式多种多样，出人意料的是，关于破译密码的文献里甚至很少提及它，更不要说具体描述它了。最初，英国制表机公司将自己的一台制表机带到了布莱切利庄园，但它不能打印字母字符，所以他们又从仓库里翻出了万国商业机器公司的405型，并发现这台机器的功能更多，很适合弗里伯恩和他的团队负责的一系列工作。他们订购了更多的405型机器——它们抵达时的小惊喜是，美国人还在装备中夹带了打包好的食品礼物，“还让我们头一回接触到SPAM牌午餐肉”。

这些机器协助进攻海军的恩尼格玛机，挑战之一是要弄清楚哪些转子在恩尼格玛机的右侧和中间位置，因为海军破译员可用的炸弹

布莱切利庄园的弗里伯恩里打卡室，弗里伯恩的部门被称作“弗里伯恩里”。

机数量已经非常有限，这样做能进一步减少它们需要的运行次数。部分解决方案是寻找“深度”，这个行话是指一些使用相同或相关的设置发送的信息。搜索重复的字母序列（如“四角形”序列，即在一个以上的信息中重复出现的四个字母）正是适合自动化打卡机的任务。在破译日本密码的过程中，另一项工作是打印“良好组的索引”。破译者需要煞费苦心地确定密码词，这通常是由五个数字组成的组，但它们还需要按数字顺序被分类到可用的打印索引中以便阅读。许多密码破译是使用模块化运算（不显示十位数，所以7+9=6），打孔卡同样可以方便、准确而又快速地完成这一工作。破解意大利哈格林密码机也许是弗里伯恩最困难的任务，因为霍列瑞斯部门开始被认为：“从事着一项艰巨的工作，相当复杂，需要大量的操作人员。也是唯一我们发现有必要在机房地板上铺设粉笔线的工作，以确保将一箱箱卡片按正确的顺序移动到各个相关机器上。”[1]此外，弗里伯恩里还负责处理中央索引——收集着德国军官、船只、地点、单位、技术数据等的微观细节——并负责制作英国自己的最高安全级别的一次性密码表。

这项行动的规模相当庞大。每天处理的恩尼格玛机信息涉及约80,000个字符，而这些字符必须打在卡片上。整理“四角形”时，需要使用大约84,000张卡片，有些卡片还会经过机器多次处理。分拣机每分钟可以处理400张卡片，但一次“四角形”的工作就可能会消耗多达100个机器小时的时间。机房有300名工作人员，包括200名皇家海军女子服务队队员，分5班工作。工作条件也具有挑战性，“主房间里有大型机器，大约有一架小钢琴那么大，叫作分拣机，可以读取卡片并将

1　玛乔丽·哈尔克罗，引自迈克尔·史密斯，《X 电台的机密》（*The Secrets of Station X*，2011），第110页。

数十万条信息分门别类。除了大量的分拣机，还有更大型的整理机。整个部门都塞满了机器。这是一个非常嘈杂的地方，从早到晚都在不停地敲打。据估计，每周使用的卡片数量为200万张，相当于载重6吨的卡车的卡片存量。”

韦尔什曼先生的部门

在布莱切利庄园，机器咔嚓咔嚓地融入了一切。方形纸的时代似乎已经是历史了。特拉维斯一定意识到，因为炸弹机的相关争论，以及现在弗里伯恩对奈杰尔·德·格雷无意中表露出的明显轻视感到不满，必须要对布莱切利庄园机器使用和开发的组织工作做出改变。

> 将成立一个在韦尔什曼先生领导下的新部门，以处理因开发新机器作为密码学的辅助工具而产生的所有问题。它将被称为机器协调和开发科。所有关于机器辅助的问题都应咨询韦尔什曼先生（除弗里伯恩先生部门的英国制表机公司机器外）。……他不应该以任何方式干涉弗里伯恩先生与各部门之间存在的紧密联系。
>
> 韦尔什曼先生将召集一个委员会，该委员会应至少每月召开一次会议，我希望以下人员成为该委员会的成员：
>
> 韦尔什曼先生（主席）
>
> 文森特教授
>
> 纽曼先生、图灵先生、弗里伯恩先生、怀恩-威廉斯先生和摩根少校……

米尔纳－巴里先生将担任小屋6号的负责人，我希望韦尔什曼先生能够像父亲一样关注他的老部门的进展，并在适当的时候被召集来进行磋商。

E. W. 特拉维斯

1943年9月10日

虽然特拉维斯对他依赖机器的部门里出现的抱怨倾向作出了反应，但有一个新的项目也将消耗大量的机器，而特拉维斯已在近期批准了它。那就是艾伦·图灵的导师、剑桥大学前讲师的发明，他的名字也出现在了特拉维斯的委员会成员名单里：M. H. A. 纽曼。纽曼将恢复邮政总局在布莱切利庄园的声誉，但更重要的是，他将把布莱切利庄园和整个世界带入计算机时代，在此过程中，他还会发现阿道夫·希特勒最私人、最具战略性和最秘密的通信内容。M. H. A. 纽曼是一位非同寻常的教授，他被派去处理“鱼”（Fish）的问题。

M. H. A. 纽曼（1897—1984）

纽曼（朋友们会称呼他为马克斯）出生于伦敦，他的父亲从当时还是德国一部分的布罗姆贝格（现在是波兰的比得哥什）移民而来，在马克斯出生时，已将姓氏改为了纽曼。第一次世界大战爆发后，他的父亲被拘留并遣返德国，马克斯和母亲更换了名字，而马克斯也以各种形式履行了战争义务。他在剑桥的数学学习中表现出色，于1923年被选为圣约翰学院的研究员。

纽曼从剑桥开始的职业生涯，是对艾伦·图灵的预言，或者说是后者的写照。图灵，这位他最著名的学生，在整个成年

纽曼，艾伦·图灵的导师，使用机器攻击洛伦兹密码的领导者。

生活中始终受益于纽曼的教导和指引。纽曼在剑桥大学教授图灵的课程，带领图灵取得了职业生涯中最重要的数学发现，即《论可计算数》这篇开创性的论文。图灵后来在剑桥继续教授纽曼的数学基础课程。两人都在美国普林斯顿大学待了很长时间，都在布莱切利庄园结业，也都在曼彻斯特大学度过了他们职业生涯中最后的活跃岁月。他们在所有这些事情中都进行了合作，而且除了迁往布莱切利庄园之外，马克斯·纽曼一直起着引领方向的作用。很明显，艾伦·图灵在数学、计算、发育生物学等方面的突破性想法都深受纽曼影响。纽曼被描述为“一个文化素养极高和敏感的人”，他富有音乐细胞，并与他的学生分享了一种干巴巴的幽默感。纽曼能够看到艾伦·图灵的闪光点，这使他们能够有密切的个人关系，纽曼（和他的妻子，作家林·欧文）一直为图灵提供支持，某种意义上成为了他的家人。

纽曼本人获得的奖项远超图灵：皇家学会会士、伦敦数学学会和数学协会主席、德-摩根奖章获得者、圣约翰大学荣誉院士和荣誉博士。此外，他拒绝了离开布莱切利庄园时获得的大英帝国官佐勋章。

捕捞鱼肉

1940 年，“Y 部门”——无线电监测部门，其工作是扫描电波和捕捉秘密无线信号——发现了一种新的通信。与摩尔斯电码的点和破折号不同，这更像是一种连续的鸣叫声。人们很快意识到，这些信号是用于电传打字机的博多-默里码（Baudot-Murray Code），它为每个字母分配五个二进制数字，因此 A 变成 11000，B 变成 10011，C 变成 01110，等等。一个“1”将作为脉冲传输，一个“0”则是无声的。电传机的传输速度很快，而且是自动化的，它们比恩尼格玛机信息长很多。在布莱切利庄园，这种通信被命名为“鱼”。不同的网络使用不同的区分特征，以不同的鱼命名：鳊鱼、鳕鱼、多宝鱼、水母，等等。

唯一的问题是，被截获的电传信息是经过加密的，而没有人知道加密的设备是什么。显而易见，某种算术密码——一些明显随机的 1 和 0 的字符串的覆盖——被添加到原始信息中以起到隐藏作用。与所有的密码破解一样，问题在于这个字符串或者说密钥实际上是什么，以及它是如何产生的。这种问题从来没有让约翰·提尔特曼感到畏惧，他在 1941 年 8 月 30 日收到了无价的礼物：一份重复的信息。发件人重新传输了相同的信号，只是在第二次尝试时，他出于厌倦，引入了原件中没有的缩写和快捷方式。这一不完全的复制给了提尔特曼利用二进制算术特殊性的机会。

如果在二进制中用非携带式加法把 1 和 1 相加，结果会是 0。把 0 和 0 相加，也会得到 0。每一个变化点在添加的信息字符串中以 1 为标志，给了提尔特曼一个把柄，他可以在此猜测原文和缩写的形式，并针对这两个文本进行试验。由于两份电文使用的是同样的密钥流，因此很快就可以从两份截获的电文中解开原文，而密钥流也会被破解。提尔特曼解开重复电文的成就并没有直接给盟军带来什么战术价值，但它提供了一长串可以被破译员利用的密钥流。1941 年 10 月，一个叫比尔·图特（Bill Tutte）的剑桥大学科学和数学系学生被派去效力。1941 年加入布莱切利庄园，负责电传通信的杰里·罗伯茨说：“在那段时间里，我看到他长时间地盯着中间的距离，摆弄着他的铅笔，在成卷的纸上无休止地计数，将近三个月，我曾一度怀疑他到底有没有任何收获。”事实证明，比尔·图特确实做出了名堂。

图特注意到，“指示器”——即信息发送者发出的信息，以告诉接收者如何设置他的设备进行自动破译——有一些特殊性。一个是，它的一部分似乎只使用了总计25个字母中的23个（德国人在指示器中对I和J使用相同的字符）。也许机器的一部分只有23个可能的设置。“在伦敦的密码学校里，我们经常通过把模拟的密码信息写在某个似乎合适的节点来攻击它们……但我应该用什么节点呢？关于指标的资料表明，23可能值得一试。”[1]这起作用了。而通过更多类似的分析，图特成功地弄清了这个未知机器的基本原理。

比尔·图特（1917—2002）

与第一次世界大战中典型的密码破译员不同，图特的出身并不显赫，他的父亲是一名庄园园丁，母亲是一名厨师，在纽马特的赛马场工作。在学校里，他对化学产生了浓厚的兴趣，虽然他在学数学时对图论产生了兴趣，但图特去剑桥大学是为了读自然科学，重点是化学。尽管如此，他还是和在那里遇到的数学家成了好朋友，毕业后不久，他就发表了关于数学和化学的论文。

正是数学将他带到了布莱切利庄园，因为牛津和剑桥正继续为战争期间的密码破译工作探寻合适的人选。而在刚到的几个星期内，他就解开了洛伦兹问题——这一逆向工程的成就被恰当地形容为第二次世界大战中最伟大的智力成就之一。

战争结束后，他回到剑桥完成了数学博士学位，并在1948年被任命到加拿大任职，在那里度过了余下的职业生涯。

1　比尔·图特的叙述，引自杰克·科普兰《巨像：布莱切利庄园解码计算机的秘密》（*Colossus: The Secrets of Bletchley Park's Codebreaking Computer*，2006），附录4。

直到晚年，他在布莱切利庄园的卓越工作才被人所知。2004年，为了纪念他和他的成就，纽马特建立了一个纪念馆。那里有一系列打满了孔的两米高不锈钢板，如果站在正确的位置，就能看到这些代码组合出了一个比尔·图特的形象。

一条“金枪鱼”

这台未知的机器被称为洛伦兹附加钥（Lorenz Schlüsselzusatz，即SZ40，后来的型号为SZ42）。它是一台电传打字机的附件，可以自动对操作员预先输入的信息进行加密，比恩尼格玛机更快、更流畅，但却是一个很大的重型设备，而且不容易携带。它有12个编码轮，每个编码轮的圆周都有几个插脚，可以设置为“开”或“关”。电传打字机字母表每个字符的五二进制数字，需要五个编码轮来转换构成；而洛伦兹机有两组五编码轮，可以进行两次转换以掩盖纯文本。当轮子旋转时，如果在“开”的位置上有一个插脚接触到电，二进制数字1将被添加到信号中，字母A，通常是11000；在第四位遇到一个在开位置上的插脚，变成11010，即J。综上所述，他得出的结论是：

该机器有两组五编码轮。

一组被破译员们命名为“chi”的轮子，每当一个新的字符被输入电传打字机时，都会同时移动一步。

另一组被称为“psi”的轮子，只有在两个运动控制轮子发出指令时才移动。这一特性对破译者有很大的帮助，因为“psi”对信息中两个或多个连续字母的影响往往是相同的——而利用二进制加法，“psi”轮的作用可以被清零。

一台洛伦兹 SZ42 机器，它能自动对电传信息进行加密。

> 轮子上的插脚数量很奇怪，但这是德国人为了使钥匙的“周期”很长而引入的一个安全特征：“chi”轮有 41、31、29、26 和 23 个针脚，“psi”轮有 43、47、51、53 和 59 个针脚。电机轮有 37 和 61 个。图特的周期分析已经从截获的通信中挤出了这些数字。

现在破译员们到手的不是一台完整的机器——直到战争结束前，他们都没能见到——而是它的结构。他们可以去建造一台机器来完成自己的破译，那台机器被叫作“金枪鱼”（Tunny）——20 世纪 40 年代英国人使用的词，也就是美国人的“tuna”。

能拥有一台金枪鱼机器是重大进展，但机器的设置问题仍然存在，也就是那个自战争开始以来，他们一直在与恩尼格玛机搏斗的问题。洛伦兹机器在密码轮上设置针脚的方法，要比恩尼格玛机的设置方法多了数百万种。如果不知道机器是如何设置的，就无法简单快捷地破译在空中呼啸的电讯。

比尔 · 图特再次想出了一个主意。在与艾伦 · 图灵探讨后，他发现了一种统计方法，可以找到编码轮的起始位置：如果把截获的信息中相邻的字母加在一起，就会消除“psi”轮的影响。此外，还可以利用德语的特点来消除明文（通过二进制加法），从而暴露出编码轮的作用。德语中包含大量的二合字母，如 EI、CH 和 EN，而且如果把相邻的德语字母加在一起，在电传代码中，前两个二进制数字大概率是 0。事实上，几乎 60% 都是 0。破译者要做的是，将前两个“chi”轮产生的 1 和 0 的数据流进行匹配，并将其与相邻字母加起来的前两个二进制数字进行测试，并寻找一个能产生 60% 的 0 的匹配组合，而不是完全随机的 1 和 0。要进行这些大量重复的计算，需要的不仅仅是人力，即使有着比尔 · 图特这样的大脑。

特斯特少校的团队

虽然图特的统计方法仍然只是一种理论，但金枪鱼带来的挑战并没有被忽视。在布莱切利庄园成立了一个新的部门，由拉尔夫·特斯特（Ralph Tester）少校领导，按照布莱切利庄园的惯例，这个部门很快被称为“特斯特里”（Testery）。

拉尔夫·特斯特（1902—1998）

拉尔夫·特斯特是一名会计，战前在德国为联合利华工作。在布莱切利庄园，他是一名行政人员，被描述为“一个抽烟斗的人，40岁左右，他不是密码学家，也没有在假装自己是”[1]。因此，看到他被形容为“一个暗影般的人物，既不鼓励人也不打压人”[2]，也就不奇怪了。稳扎稳打的人往往不会获得荣誉。“二战”结束后，特斯特回到联合利华工作至退休。

不过，特斯特也有遇到危险的时候。1938年，在离开德国的路上，他与一群从捷克斯洛伐克逃出来的难民同乘一列火车，这群难民由一位贵格会的女士看管，她说服特斯特藏了一个黑色的小笔记本。德国警察搜查了火车，但特斯特成功地藏起了这个笔记本，这样他就可以在抵达伦敦时，将它交给捷克斯洛伐克难民组织，尽管这些难民在荷兰边境被扔出火车，他们的命运也不得而知。事实证明，这个笔记本中有捷克斯洛伐克共产党的详细资料，如果特斯特被发现身上有这个东西，后

1　杰里·罗伯茨，《洛伦兹》（*Lorenz*），第48页。

2　罗伊·詹金斯，引自科普兰《巨像》（*Colossus*），第260页。

果不堪设想。

在战争结束时，作为一个会说德语并了解复杂的机器加密系统的人，特斯特被列入“TICOM”小组，被派往德国调查德国人在破解盟军密码方面取得了哪些成功。在1945年5月的第二周，他的团队掌握了一个由四辆德国信号车组成的被俘车队。这些卡车由凯塞林元帅的通信部队组成，其中包括一台洛伦兹SZ42型机器——正是特斯特的团队四年里一直在研究，却从未见过的东西。

为特斯特里招募破译员是布莱切利庄园的大学生和皇家海军女子服务队队员的日常工作。杰里·罗伯茨描述了这个有点杂乱无章的过程。

招募人员认为，对国际象棋或填字游戏的爱好，在预测一个人破解密码方面的才能时用处很大。彼得·埃里克森和我在陆军部接受一位“马斯特斯”（Masters）少校的面试时，都要应付这一套。面试过程是这样的：

马斯特斯：你会下象棋吗？

罗伯茨：啊，是的，我喜欢下棋。

马斯特斯：你会玩填字游戏吗，比如《泰晤士报》或《观察家报》上的那些？

罗伯茨：啊，是的，我经常玩。

埃里克森的回答则是：（国际象棋）哦，不，我从来都不搞这个。（填字游戏）哦，不，不，不，纯属浪费时间。

结果罗伯茨和埃里克森都被录用了，而且都成了特斯特里的小组长。

特斯特里破译员的主要任务是把洛伦兹机器的“chi”轮和“psi”轮上的1和0剥离下来。起初，德国人使用的指示器系统是不安全的，“从1942年7月到10月，特斯特里几乎读取了每一条信息”[1]。后来，程序被改变，工作变得更加艰难，但使用“深度”，即以相同的设置发送两个或更多的信息，也是类似于约翰·提尔特曼最初使用的解码技术。“深度”是很常见的，例如当传输问题导致接收器要求重新发送时。彼得·希尔顿在接受皇家炮兵训练后，于1942年加入了特斯特里（显然比皇家炮兵好）。他描述了解码的过程，其中的信息总是不完全一致：

> 有一些词能被猜到，有一回我猜到了“Abluehr”（阿布维尔[2]）这个词，两个信息中的一个有8个符号（包括两边的空格）。但另一条信息中的8个字母中间会有一个空格，后面是“Flug”。于是可能会猜测：嗯，这将是“Flugzeug”——飞机。这样就得到了带空格的“zeug”，从而又获得了可用于其他信息的五个字母。这样一来获取的信息就得以不断扩充。

即使在引进机器之后，特斯特里仍然在工作。在大多数情况下，机器只能提供洛伦兹机器设置的部分解决方案，而特斯特里的破译员则被要求找到“psi”轮或“chi”轮的插脚设置。

并非每个人都能在破译密码的工作中表现出色。测试所的一名新员工是罗伊·詹金斯（见第九章），他解释说，那里有“突破者”，即精英；以及“设定者”，他们的工作需要逻辑和精确；而破译者则负责希

1　科普兰《巨像》，第157页。

2　阿布维尔，“二战”时期的德国军事情报机构。

尔顿描述的那种事情。“由于某种奇怪的原因，夜班是最长的——九个小时——而且肯定是最阴暗的。我记得有几个绝对空白的夜晚，一无所获，我在尝试了一打或更多的信息并完全失败后，去吃令人沮丧的早餐。这是我经历过最痛苦的精神体验，这种反复的尝试行为，几乎能对大脑造成实质性伤害。”

纽曼里

另一位来到布莱切利庄园的人是艾伦·图灵在剑桥大学的讲师 M. H. A. 纽曼（见 183 页）。纽曼的名字出现在丹尼斯顿的教授名单上，但这里有一些谜团，在他的名字旁边，有人用红色蜡笔写了“不”，是谁写的，又是为什么？因此，纽曼并不在早期抵达布莱切利庄园的人之列。尽管如此，到了 1942 年，剑桥大学的招聘机制仍在运作，弗兰克·阿德考克（见第一章）与他联系，劝说纽曼来布莱切利庄园。劝说有两套说辞：“我认为这是个你会感兴趣的工作，而且对战争至关重要”；以及“在一个有恒定热水的现代化建筑里，配有一个非常好的宿舍”。纽曼在 1942 年秋天来到这里，加入了“金枪鱼”小组，努力尝试从“深度”发送的电传打字机信息中剥离文本。纽曼对这个工作并不感兴趣。但他认为如果能将繁琐的工作机械化，图特的统计方法有一定的潜力。纽曼去见了特拉维斯，提出了制造一台机器来整理“鱼群”的想法。

特拉维斯接受了这个想法，并委托怀恩-威廉斯领导的电信研究机构建造这台新机器。它的本质是计算信息中的 1 和 0，并寻找与“信息流”（chi-stream）中的 1 和 0 的 60%的重合率。1 和 0 最容易用打孔纸带上的孔（或无孔）来表示，长长的纸带需要旋转通过一个光电读取器。怀恩–威廉姆斯的快速电子计数器当然可以完成这项工作，但要找到一种方法让磁带同步高速移动就很有挑战性了。链轮上让磁带保持一致的小钉子往往会撕碎纸张，如果孔与读卡器不完全一致，它可能会从错误的孔中获取光线。5 米长的磁带被穿在一个装置（称为床架）的滑轮上，它的末端像一个铁床架，整个东西看起来就像希斯·罗宾逊画中的一个玩笑。因此，这台机器就被命名为希斯·罗宾逊[1]。

1943 年春天，新机器准备在布莱切利庄园的贵宾面前举行隆重的开机仪式。一个大电阻过载了，机器上升起不祥的烟雾。尽管开局不利，但当磁带飞过读卡器时，它还是能够每秒读取 2000 个字符，并将 2000 个字符截获的相邻前两位二进制数字与预期信息流的前两位二进制数字，在信息轮的每个可能的起始位置进行比较，仅花费半个小时。如果必须交给人工完成，这根本是不可想象的。

希斯·罗宾逊的核心部分是使用怀恩–威廉斯的电子装置的计数机制。所以，计数器和电路来自电信研究机构，但他们认为磁带驱动装置和读带部件应由邮政总局制造。因此，多利斯山又开始为布莱切利庄园提供设备。

汤米·弗劳尔斯很快察觉到了这个项目，并立即看到了改进的潜力。他认为可以将第二盘磁带上的数据放入机器本身，从而完全取消其中一台读带机，以电子方式存储数据。这将一举解决磁带同步性的机械工程问题，并能够在剩下的一盘磁带上以更快的速度读取字符——但这也会带来一个全新的问题，那就是电子阀的稳定性问题。

怀恩–威廉姆斯的方法是尽量减少电子管的数量，因为根据他的经验，电子管往往会失效。但弗劳尔斯在他的大型自动电话交换系统中也

1 英国著名的漫画家和插画家，常绘制经过复杂设计却只是为了达到简单目的的机器。——译者注

“巨像”机器在工作中，由来自皇家海军服务队的两名女子成员照看。

使用了多年的电子管，并知道其中的诀窍：既不能用电子管来移动机器，也不能把它们关掉。对于像怀恩-威廉姆斯所设计的便携式机器来说，少量的电子管就可以了，因为可靠性必然会降低。

但弗劳尔斯知道，一台大机器也能变得可靠。他开始了新的设计工作。它是巨大的，有 1600 个电子管，考虑到那些关键部件的不可靠性，这着实是一个巨大的数字。夜以继日地工作后，弗劳尔斯于 1943 年 12 月让他的原型机开始工作，虽然那是在多利斯山，但它是成功的。在布莱切利的纽曼部门重新组装后，新机器在下个月开始运行。它被命名为“巨像”。

在巨像的协助下，从洛伦兹解密中获得的情报对战争的最后阶段起到了至关重要的作用。订购额外的巨像，为在 1944 年春末登陆欧洲时可能出现的情报洪流做好准备。新的、更雄心勃勃的设计被创造出来：马克二号巨像有 2400 个电子管。到 1945 年 5 月的胜利日，共有 10 台巨像在布莱切利庄园工作。

在如此大规模的情况下，所有这些机器需要一个家。鉴于纽曼是负责人，这个家被称为“纽曼里”（Newmanry），它位于布莱切利老庭院迷宫所在地的一座新建筑中。像布莱切利庄园的许多部门一样，纽曼里依靠皇家海军女子服务队队员们来操作机器。新兵在上岗时可能会感到困惑，下面的两个故事就说明了这一点。

> 我们被安置在一个可怕的维多利亚式庄园前。没有人迎接我们。这个地方怪极了。有一些瘦巴巴的书呆子两两成行，或者自己走着……经过一个小时的等待……一个戴着圆形金属框眼镜的光头男子向我们走来，介绍说自己是纽曼先生。我们跟着他进入 F 区——纽曼里。他让我们坐在一张长长的木架桌

前，开始教我们一种新的数学和逻辑。[1]

纽曼先生是一个非常安静拘谨的人，不善于和女孩相处。他在我们面前来回踱步，眼睛一直盯着地面，谈论着一台有12个轮子的机器。他离开后，我们还是一头雾水。后来我们发现，他还以为已经有人告知我们部门的工作内容了。[2]

尽管如此，纽曼还是赢得了员工的爱戴。他的方法是不拘一格的：鼓励团队中相互直呼名字，欢迎大家提出意见，每周都有一个开放日来听取意见。在战争结束时，他获得了一个纪念性的银罐，上面刻着“纽曼家族致MHAN，1943—1945”。这是一个热情洋溢的，甚至是家长式的安排，看来这种直呼其名的非正式关系可能还没有延伸到纽曼先生本人。

在战争的最后几个月里，“巨像”和“纽曼里”对情报工作做出了重大贡献。在希特勒的战争机器的最高层发送的洛伦兹信息中，包含了对战略和计划的无价评论，而这些意见是无法从用恩尼格玛机发送的日常平凡的信息中轻易收集到的。此外，恩尼格玛机破译行动正受到威胁，因为德国人打算在恩尼格玛机上引入激进的新设计特征，这可能会使炸弹机对密码的攻击失去效力。纽曼里及其复杂的高速机器，是未来的标志。

未来显然是电子化的，但更重要的是，未来是可编程的。纽曼里的数学家们，还有一些非数学家，都被这台可以在开关面板重新配置后改变其任务的机器所吸引。据弗劳尔斯说：

1　卡罗琳·考伊，引自科普兰《巨像》，第160页。

2　多萝西·杜博森，引自科普兰《巨像》，第160页。

> 数学家们想要学习编程的逻辑，于是我们为他们提供了一个大的面板，上面有很多的按键，通过抛出按键，这些数学家可以为机器编程。这些键具有“和”与“或”的功能……当我们第一次把它交给他们时，他们就像很多小学生拿着一个新玩具。他们觉得它是如此有趣，以至于可以玩上几个世纪，只看看能用它干些什么。

他们在测试它作为一个存储程序的通用电子计算机的能力，这是世界上首个这样的设备。“二战”结束后，艾伦·图灵到国家物理实验室工作，设计英国的“自动计算引擎”（他也想和弗劳尔斯一起工作，但邮政总局不肯放后者走）。M. H. A. 纽曼利用他作为曼彻斯特大学菲尔登数学教授的新任命，建立了一个计算机实验室，图灵后来也加入了这个实验室，当然这并不出乎意料。纽曼的实验室建立了自己的电子存储程序计算机原型，并在 1948 年底运行了第一个程序（一个简单的因式分解程序）。在后来的日子里，纽曼的一位助手，一位名叫唐纳德·米基（Donald Michie）的年轻古典主义者，在爱丁堡大学建立了一所人工智能学校。这些成就都是现代计算机的诞生地布莱切利庄园的后代。

1983 年，汤米·弗劳尔斯回顾了他关于“巨像”的胜利成就。“布莱切利庄园的密码分析人员一直在阅读德国的信息，这些信息被编码在一台叫作恩尼格玛机的机器上。艾伦·M. 图灵是这项活动的领军人物，他向我解释，并告诉我邮政总局需要做什么——这对一个电话工程师来说没有任何困难。很快就发现这项工作不需要了，而如果早点意识到这一点（有些人怀疑可能是这样），多利斯山可能永远不会参与布莱切利庄园的工作。”也许这是对 40 年前的事件的一种略微美好的记忆方式。邮政总局与布莱切利庄园的关系能在四转子炸弹机的创伤中幸存下来简直是个奇迹，但这确实是送给现代计算机科学的一个礼物。

第九章

分崩离析

Breaking Up

人们很容易认为“诺曼底登陆”预示着战争的结束。自此开始，似乎有一种命中注定的感觉：德国肯定会被打败了。而由德国内部抵抗组织策划的、针对希特勒本人的阴谋表明，盟军接下来将会一帆风顺。事后看来，在诺曼底成功登陆而没被推回海里，是向胜利迈出的决定性第一步。

也许确实如此，但毕竟还有很长的路要走。对于布莱切利庄园的破译者来说，他们工作的强度和重要性丝毫没有下降。首先，假行动“南部勇士”（Fortitude South）的成功通过密码破译得到了一定的验证。彼得·特文的ISK部门处理的德国情报局通信、从特斯特里和纽曼里流出的“鱼”，以及大岛浩发给他在东京的上司的日本信息，都导向了同样的结论：德国最高指挥部误以为入侵将发生在多佛尔海峡对面，而不是真实的目标——诺曼底。但即使在入侵之后，也有许多事情要做。美国人如今正在意大利和诺曼底双线作战，待推进至法国南部后，又将增加第三条战线，会产生大量需要为前线指挥官筛选和处理的恩尼格玛机通信。还有远未结束的日本战争，而且它基本上不受任何欧洲大陆战争的影响。

另外还要警惕的是V型武器。诺曼教授（见第二章）能够提供详细的证据，让最高层对此有更深入的认识。人们慢慢明白，在V-1之后还会有V-2，V-2可能是火箭推进的，而且德国的技术水平已经超过了英国的应对能力。除了轰炸V型武器发射场和破译密码之外，没有任何有效的反制措施。通过明智地利用实际为英国人工作、但被德国人误以为忠于祖国的双重间谍，可以误导德国V型武器的射击地点，使飞行炸弹和火箭射程不足。但最终还是需要地面部队攻克发射场，才能一劳永逸地解决威胁。

接下来的路也不是都那么好走的。忽视麻烦的信号情报的倾向并没有完全得到纠正。一个例子是，在“市场花园”行动中，英国伞兵前往的目标区附近有德国坦克的迹象。当时蒙哥马利试图偷袭并跨越莱茵河，但以灾难而告终。然后，在1944年底，德国人在他们的“莱茵河畔行动”中取得了完全出其不意的效果，跨越阿登地区向卢森堡和法国发起了反攻。这里的问题部分源于自满（一份美国情报报告以“敌人已经受够了”这一不幸的评论开始），部分则是源于“至高（机密）”的成功本身。虽然有情报表明，德军想要最后一搏，但信号中却没有任何东西可以证实这一点。德军给自己强加了一条新纪律：完全的沉默。由于没有“至高（机密）”的验证，情报人员没有告诉奥马尔·布拉德利将军有什么不寻常的事情发生，因此，美国人被打了个措手不及。

不过，敌人最终还是受够了：阿登攻势，现在被称为突出部之役，很快就结束了。盟军在1945年初进军德国，苏联红军从东部入侵。到了春天，一切都结束了，布莱切利庄园破译员们的未来必须得到决定。

处理炸弹机

当然，战斗仍在远东地区继续，布莱切利庄园的日本分部还有工作要做。但大多数工作人员处理的始终是欧洲问题，特别是数百名皇家海军女子服务队队员，以及其他始终在操作那些缺乏后续用途的炸弹机的人。

这些零件可能是有用的。珍妮·康德在1942年17岁时加入了皇家海军女子服务队，并被派往斯坦摩尔处理炸弹机工作。斯坦摩尔是布莱切利庄园的一个巨大的外围站，专门负责寻找用于加密恩尼格玛机信息的设置。

> 1945年，对德国的战争结束了，我们突然受到裁减。值班不再继续，我们被安排去拆除炸弹机。我记得自己坐在栈板

桌前拧开滚筒。渐渐地，所有人都被分散到其他部门，我被征召到普利茅斯，终于有了一个港口。新工作是帮助水手复员……经过布莱切利庄园两年半的值班，我变得非常瘦弱和疲惫，但在普利茅斯的几个星期，海风、更好的食物和固定的工作时间让我感到重获新生。我非常享受在女子服务队的最后一年，感觉自己终于成为了海军的一份子。

欣喜和沮丧的情绪在负责新工作的皇家海军女子服务队队员中都很常见。“失手掉落‘鼓’曾是一种罪过，但现在我们可以把鼓从小屋的地板上滚下来了！”然而，“一切都感觉很奇怪。布莱切利庄园几乎已经空了—— 一座鬼城，只有几名搬运工人在搬动家具。成千上万的人就那么走出大门，再也没有回来。”

纽曼对获得多余的设备同样感兴趣。乍看，巨像和炸弹机一样无关紧要，于是他出价买下了电子管和其他有用的部件，作为在曼彻斯特大学的计算机项目的启动套件，当时他刚被任命为菲尔登数学教授。1945年8月8日，纽曼写信给奈杰尔·德·格雷说：“在对设备进行检查之后……我们觉得可以提出的要求是购买两台完整巨像的材料，此外还有几千个从其他机器上拆下来的杂项电阻和冷凝器。”三个月后，这批货物已经在路上了，总共有7吨的旧设备。这为纽曼的计算项目提供了启动资金，该项目在1948年秋季开发了“曼彻斯特婴儿”（Manchester Baby），据信这是有史以来第一台可以运行程序的电子存储程序计算机。这一成功引得艾伦·图灵离开了在国家物理实验室的一个濒临失败的计算机项目。图灵得以在曼彻斯特的马克一号计算机上工作，这是一台更大的机器，不是用布莱切利庄园剩下的材料建造的。他在那里度过了生命中的最后几年，用它来进行模拟生物生长模式的开创性工作。

但并非所有的机器都被拆分了。恩尼格玛机在民主德国一直使用到 1955 年，而美国人利用炸弹机对机器进行的密码分析工作也持续到那时。1956 年期间，炸弹机解密在美国最终被终止。2018 年，政府通信总部透露，50 台炸弹机和 20 台恩尼格玛机一度被“深藏”起来，以备将来恩尼格玛机被再度使用。而这些政府通信总部藏匿的战时机器在 1959 年被处理掉，为炸弹机的故事画上了句号。只有一台原始机器幸存下来，这是一个乔·德施模型的四转子炸弹机，在马里兰州的国家密码博物馆展出。

TICOM

除了保留机器和技能之外，还有其他应对新威胁的准备工作。甚至在诺曼底登陆之前，英国人已经开始考虑德国在各种技术领域的能力，而密码破译和信号情报是盟军特别感兴趣的一个领域。

随着入侵准备工作的开始，美方听说了英国关于抓捕从事信号情报工作的德国人的想法。他们很快就认识到：“尤其需要对可能被攻克的德国信号情报目标进行特殊处理”[1]。该项目代号是“TICOM”，即使写出全称也是同样晦涩的——“目标情报委员会”（Target Intelligence Committee）。一份“调查对象”的清单拟定出来，政府密码学校的人员，无论来自美国还是英国，都被挑选出来与第 101 美军空降师一起跳伞到德国，抢夺对手和装备。尽管布莱切利庄园的一些工作人员是军人，但对被选中执行任务的破译员来说，从空中跳入敌方领土的前景实在没什么吸引力。幸运的是，计划最终改变了。毫无疑问，部分原因在于那些从事“至高（机密）”情报工作的人不应该被送入战区，以免反

1　美国政府解密的第二次世界大战盟国远征军最高统帅部（SHAEF）备忘录。

而落入敌手。1945 年 4 月，第一批小组被派去跟在前线部队后面。

阿特 · 莱文森（Art Levenson），布莱切利庄园的美国工作者之一，被派往其中一个小组。“当我们前往 TICOM 之旅时，有位中士说，‘孩子，如果连你们都被派来，那战争一定是真的结束了’。”他的小组能够捕捉到冯 · 伦德施泰特元帅（von Rundstedt）的通信队伍，包括六辆装满无线电接收器、加密机器的卡车，以及操作这些机器的人。

TICOM 第一小组由来自小屋 3 号的空军中校奥斯卡 · 欧瑟博士（Oscar Oeser）领导。该小组的一个目标是一台完整的洛伦兹机器。尽管在布莱切利庄园成功地打击了“鱼”的通信，或者恰恰是因为如此，它仍然具有很大的吸引力。到 1945 年 5 月的第二个星期，他们抓住了“鱼”，确切地说，就是凯塞林元帅使用的那台机器及其所有的附属设备，它们在布莱切利庄园被称为“水母”。诺曼底登陆期间，“水母”是重要的“鱼”网络，连接着巴黎和柏林。凯塞林于 1945 年 3 月接管了西部的指挥权，当时法国已被德军攻陷很久了，但电传打字机设备和线路特点，都随着德军的撤退而被保留下来。

奥斯卡 · 欧瑟（1904—1983）

奥斯卡 · 欧瑟出生在比勒陀利亚的一个德国犹太移民家庭中。他的学术生涯从物理学和数学学位开始，然后去了德国的马尔堡，获得了心理学博士学位，接着又去了剑桥大学三一学院，拿了另一个实验心理学博士学位。带着这些令人望而生畏的学位，欧瑟博士去了英国最非正统（男女混住的宿舍，没有固定的课程，思想和行为自由，没有大型活动）的寄宿学校——达廷顿庄园教书，其学生中就有未来的苏联间谍迈克尔 · 斯特雷特。这种非正统的环境让欧瑟得以在那里的一年多时间里反复结婚、离婚和再婚。

然后他去了圣安德鲁斯，开始了他在实验心理学方面长久而受人尊敬的学术生涯，他试图引入更多数学方法，因为实验心理学的经验主义有时可能导致胡思乱想。战后，他在澳大利亚墨尔本继续职业生涯，并在那里度过余生。

1940年，可能是通过剑桥大学的关系，他加入了英国皇家空军志愿后备队，他掌握德语和英语两种语言，同时还在布莱切利庄园精通了其他一些语言。战争结束时，他已经是德国航空部门的一名指挥官，并被任命为1945年派往德国的TICOM第一小组的负责人。

年轻些的学术同僚可能会觉得他不讨人喜欢，但这意味着欧瑟能看穿软弱的思想。《澳大利亚人物传记辞典》说他“欣赏美术、文学和音乐，支持进步的教育，并贪婪地阅读”。

捉鱼只是其中的一部分。第一小组发现了一个叫作Forschungsamt，即研究局的细节，它原来是一个为德意志帝国元帅赫尔曼·戈林工作的独立间谍机构：戈林在监视一切，包括他自己的同事，并用自己的私人信号情报做筹码。而这还不是全部。在小山城埃伯曼施图特（Ebermannstadt），小组发现了一个代号为Feuerstein（燧石）的秘密实验室。在燧石研究所，德国科学家一直在研究最高机密的信号保密工程项目，包括计算设备和用于加密电话的机器。这些需要专家进行评估，因此艾伦·图灵和汤米·弗劳尔斯都被派往埃伯曼斯图特，看看德国人有多先进。

步入冷战

在东部的罗森海姆附近，小组发现了可能是整个 TICOM 行动中最令人感兴趣的内容。在这里，被俘的德国陆军最高司令部自己的信号情报机构成员透露，他们一直在研究一种特殊形式的苏联非摩尔斯式信息。德国人发明了处理这种信息的设备，在盟军看来，这是苏联版的“鱼”。德国的设备和方法是无价的。因为，随着第二次世界大战的结束，冷战正在兴起。弄清楚苏联人在想什么是在这场新的伟大游戏中保持领先的第一步。

许多破译员——那些专门从事密码分析，而不是谍报和解释的人——将留在政府通信总部。一些人将在战后的新组织中担任重要职务，如小屋 3 号的负责人埃里克・琼斯上校，他在爱德华・特拉维斯爵士退休后接任政府通信总部的负责人。其他未来的政府通信总部负责人也在布莱切利庄园工作过：例如，伦纳德・胡珀（Leonard Hooper）爵士，他曾从事过意大利和日本的航空信号工作，在 1965—1973 年，担任政府通信总部负责人；以及阿瑟・邦索尔（Arthur Bonsall）爵士，他曾在乔希・库珀手下处理德国航空情报，在 1973—1978 年，担任政府通信总部负责人。但对大多数工作人员来说，对敌行动的结束意味着一个时代的终结。

埃里克・琼斯爵士（1907—1986）

特拉维斯司令任命埃里克・琼斯为小屋 3 号的负责人是一场赌博。琼斯是一名行业经理，于 1940 年加入皇家空军志愿后备队，因此他不是正规的空军情报人员，也不是教授，更不是破译员。但负责人需要的是管理技能，用一位破译员的话

TICOM 小组的成员找到了德国的“鱼”设备，由战俘打包，带到英国进行分析。

说，是“行政、组织和权威”。权力，就其在正式性上的需要而言，被赋予了晋升为上校的军衔，这意味着琼斯的级别高于布莱切利庄园的所有人，包括特拉维斯，除了约翰·提尔特曼（他在战争结束时是准将）。琼斯在担任小屋3号负责人时被这样描述：“我们威严的上校……对其他人来说只是‘长官’——表现出令人印象深刻的举止和最有礼貌的矜持……高大、健壮、轮廓上镜，深棕色的头发永远准确无误……精心打蜡的铅笔胡须与他完美无瑕的皇家空军制服相匹配。”[1] 另一幅由斯图尔特·米尔纳-巴里创作的肖像画，将他描述为“一个真正谦虚的人……受到所有人的喜欢和信任”。

战后，琼斯没有回到工业界，而是留在了这里。他在1950年成为政府通信总部的副主任，并在1952年接替爱德华·特拉维斯爵士，成为该组织的负责人，1960年卸任。《国家人物传记大辞典》中的条目是这样描述他的：“有人认为他过于慢条斯理，或者说有点自命不凡。也许是因为这个原因，由于白厅官员和一个背景完全不同的人之间缺乏共鸣，他没有得到政府的进一步聘用。”琼斯后来改行去种植康乃馨。

对一些人来说，在布莱切利庄园的经历是变革性的。唐纳德·米基和I. J. 古德都被纽曼里的科幻世界及其未来的电子机械前景所吸引。米基的职业生涯以机器智能为终点，而古德则定期评论机器智能对人类的危险——这个话题至今仍在进行。米基还与艾伦·图灵关系密切，在战争结束时，他陪同艾伦·图灵执行了一项失败的任务：取回一些银条。

1　兰迪斯·戈尔斯，《“至高（机密）”情报：亲自看见》（*Ultra: I was there*，2008），第65页。

1940年秋天，当所有人都担心德国入侵时，图灵把他的现金换成银条并埋了起来，仅保留了一张草图以帮助定位。不管是因为他们使用的是自制的金属探测器还是其他原因，这些银条都没有被找到。如今在布莱切利庄园方圆十英里内的某人，正坐拥一笔财富。正如其他数学家一样，纽曼、图灵、古德和韦尔什曼等人的职业道路是由在布莱切利庄园的经历决定的。

I. J. 古德（1916—2009）
唐纳德·米基（1923—2007）

古德和米基的背景非常不同，1943年被组到一起，成为马克斯·纽曼最早的两个密码分析助理。他们在布莱切利庄园的日子，特别是他们与纽曼和艾伦·图灵紧密合作的经历，使他们日后在人工智能的发展中做出了重大贡献。

古德出生在伦敦，父母都是来自俄占波兰的犹太移民。9岁时，他的数学能力就已经凸显出来——躺在床上就自己想明白了无理数的概念。在剑桥读完数学博士后，古德来到布莱切利庄园，并由几天前在国际象棋比赛中交手的斯图尔特·米尔纳－巴里介绍去了小屋8号。（在比赛中，古德曾问米尔纳－巴里，从事的是不是密码工作，后者给出了经典答复：“不，我的地址在外交部47室。”）

米基比较年轻，他在牛津大学的古典文学本科课程结束后，直接被招入了破解“金枪鱼”的团队。很快，他与艾伦·图灵就机器编程下棋的可能性进行了辩论。战后，米基继续研究人类遗传学和解剖学，但他最著名的成就可能是对机器学习的研究，以及在爱丁堡大学建立了机器智能系。

唐纳德·米基在布莱切利庄园从事电传打字机密码器和机械的研究，后来还成为了人工智能领域的先驱。

古德在战后的职业生涯也很丰富多彩。他先和纽曼一起来到曼彻斯特，然后去了政府通信总部，后来又成为弗吉尼亚理工大学的统计学教授。他对“贝叶斯统计学”的热情倡导——当时还是一个不合时宜的落后领域——基于他对这些技术在布莱切利庄园发挥作用的了解。古德还写了关于超级智能机器的威胁的文章，并且，在围绕着战时工作的保密协定解除后，他开着一辆车牌号为“007 IJG”的汽车到处跑。

他们两人的想象力都是在电子计算机器——纽曼里和巨像——的未来科幻世界中激发出来的。米基和古德保持了多年的朋友关系。很久以后，1975年，在向一个演讲听众介绍古德时，米基说：“当我第一次见到杰克时，他伸出手说‘我是古德’（I am Good）。而从那时起，他就一直在变得更好。”

对其他人来说，布莱切利庄园是一个走向各种令人印象深刻的职业生涯的驿站。在特斯特里工作的罗伊·詹金斯就是个好证明。阿萨·布里格斯（Asa Briggs）则是另一个例子，他在1942年应征入伍，1943年加入戈登·韦尔什曼手下的小屋6号，度过了作为军人（虽然怎么看都不像）的一年。在某些方面，詹金斯和布里格斯是彼此的映照。两人都出身卑微，有社会主义倾向。詹金斯是一个写了许多历史著作的政治家，布里格斯则是一个与工党政治家打交道的历史学家。两人最后都进入了上议院，都是大学的校长，都有论辩家的名声，也都是享受生活的人。这样两位被派往布莱切利庄园的年轻人，如果不是因此参军，准会背上“没有为战争做出贡献”的污名。詹金斯是一名上尉，布里格斯是一名“拿着上尉薪水”的准尉，对他们来说，军装是一种保护性的服装。

罗伊·詹金斯（1920—2003）

仅用几句话来概括罗伊·詹金斯的辉煌事业，对他而言是不公平的。1948—1976年，他是工党议员，曾担任航空部长、内政大臣（两次）和财政大臣。在政府中，他克服了各种摩擦，在离婚、同性恋和堕胎的议题上进行了一系列社会性和进步性的改革。1977—1981年，他担任欧盟委员会主席，是唯一就任过此职的英国人。回到英国后，詹金斯与工党的其他三名主要成员分裂，成立了新的社会民主党，在赢得格拉斯哥的一个新议会席位后，于1982年成为该党的领导人。詹金斯在1987年获封为终身贵族，并在上议院担任自由民主党的领袖。

对詹金斯来说，退休是一个毫无意义的概念，他始终活跃在政治领域，但也有一系列其他的兴趣爱好。他是一位勤奋的历史传记作家，为格莱斯顿和丘吉尔撰写了有吸引力的且经过深入研究的传记。詹金斯自己也曾担任过国家的高级职务，因此可以深入写作对象的内心，充分解释权力的孤立性。他还写了自己的自传：一本难得的政治自传，并且可读性很强。虽然罗伊·詹金斯是个聪明人，但他在布莱切利庄园被认为不是一个很好的破译者。詹金斯在关于布莱切利庄园的叙述中也承认了这一点，表示自己“有几个星期严重不在状态”，导致被降级，尽管这多少因为军衔升至上尉，而有所抵消。

阿萨·布里格斯（1921—2016）

阿萨·布里格斯是通过传统途径加入布莱切利庄园的，他是剑桥大学的本科生，曾与戈登·韦尔什曼的学院里的一位数学家下棋。作为学生，他表现出色，不到20岁就拿下了历史学和经济学学位。

但是，当谈到体制内的成员时，布里格斯出人意料地偏离了中心。他为自己的北方根基感到自豪（出生在基利，从1955年起是利兹大学的教授），在政治上也略微偏向左派。他是哈罗德·威尔逊的开放大学（Open University）的支持者（曾任校长），并担任过工人教育协会的主席。作为一名历史学家，他专门研究维多利亚时代，并被英国广播公司（BBC）邀请撰写相关历史，这个项目历时30多年，共5卷。

所有这些都使布里格斯看起来沉闷又无趣，但他带有恶趣味的幽默感让他成为一个有趣的人，也是一个智力上令人振奋的伙伴。他能与有权势的人打交道，和哈罗德·麦克米伦、詹姆斯·卡拉汉和丹尼斯·希利都交过手。他还拒绝了工党在议会的铁饭碗，宁愿留在学术界。退休后，他作为布里格斯勋爵，写下了关于布莱切利庄园的有趣的个人回忆录。

作为非战斗人员，无论是否穿着军装，都可能要付出代价。多年以后，斯图尔特·米尔纳-巴里爵士说：“我们几乎没有冒任何风险，不像闪电战中的伦敦人和其他大城市的居民或战斗部门。我们情不自禁地会时常为自己受庇护的生活而羞愧。”在布莱切利庄园的早期，有一两个破译员争辩说他们待在错误的地方，从而成功地离开这里，以更传统的方式为国效力。

梅维丝·利弗的丈夫基思·贝蒂（他的突破为马塔潘提供了关键的情报）也对在相对舒适的环境中从事智力工作产生了怀疑，并寻求调到前线的机会。也许这种忧虑是由他的第一个女房东种下的，他形容她是“一场噩梦……她想让布莱切利庄园方面保证我不是一个没良心的家伙。”贝蒂换了住处。但是，一旦布莱切利庄园开始交付其无价之宝，任何沾手了“至高（机密）”的人都不可能参加战斗。如果获得了关于布莱切利庄园的知识，也就立即失去了被部署到战区的资格，或者说，任何有可能被敌人抓住的地方都意味着很大风险。所以贝蒂不得不留在布莱切利庄园。

战后，很多其他人回到了他们在战前所做的工作。由于吸引来了很多语言能力出众的人，布莱切利庄园里有不少作家。其中一位是诗人弗农·沃特金斯，对他来说，布莱切利庄园更像是一段插曲；也可以说布莱切利庄园改变了他的生活，因为他在 F 区遇到了妻子格温，他们都在那里研究非恩尼格玛机的空军密码。另一个著名的作家是小说家安格斯·威尔逊（Angus Wilson），他在布莱切利庄园公开的同性恋行为、鲜艳的领结和相当紧张焦虑的性格人尽皆知。威尔逊先后从事过意大利和日本的资料工作，在战后回到了大英博物馆印刷书籍部门。在早期，还有一位作家是莱斯利·兰伯特（Leslie Lambert），他是一位 40 号房间的老兵，在政府密码学校就职。8 号房间的新兵们在听到这位杰出的老派破译员的声音时，感到有些震惊，因为他们认出那是广播员 A. J. 艾伦的声音。从 1924 年到 1940 年，兰伯特用这个笔名每隔几个月在无线电台上讲一次短故事。可惜的是，兰伯特于 1941 年在布莱切利庄园服役期间去世了。

阿萨·布里格斯是一位多姿多彩的历史学家，他是因战后从事的与破译密码无关的职业而闻名的几位破译者之一。

弗农·沃特金斯（1906—1967）

弗农·沃特金斯从五岁起就想成为一名诗人，这也是他的理想。他的日常工作是为劳埃德银行工作，因为诗歌付不起账单。不过是他的现代语言知识，而非诗歌或银行业务，使他在1942年来到布莱切利庄园。

沃特金斯最好的朋友是另一位威尔士诗人迪伦·托马斯，所以在1944年沃特金斯要与他的同胞格温·戴维斯结婚时，自然会请托马斯做他的伴郎。然而，迪伦·托马斯不愧是迪伦·托马斯，他没有出现在婚礼上。不知何故，这段友谊还是得以延续。在布莱切利庄园之后，沃特金斯回到了南威尔士和他的诗歌天地，以及劳埃德银行，他仅在工作之余写写诗。退休时，他把自己形容为最老的出纳员。

虽然名声多少被他最好的朋友所掩盖，但罗文·威廉斯大主教认为沃特金斯是20世纪“最杰出、最独特，但被不公正地忽视的声音”之一。

对于许多被招募为“皇家海军女子服务队”“空军女子辅助队”和“地方辅助卫队”的年轻女性来说，战争的结束是一段苦役的结束，复员意味着回归传统的社会价值观，在那里，女性的价值只能从家庭角度来衡量。军衔再次成为一种优势，服役中的女性有权获得战争勋章，但那些曾担任过平民角色的女性则没有。这一切的不公正性也许不那么明显，因为战争奖章和国防奖章只会自动颁发给战争结束后仍然穿着制服的人员，而那些已经复员的人需要申请——但许多在布莱切利庄园服役的人并不知道这一点。直到2009年，英国当局才采取了一些措施，政府通信总部代表其前身发行纪念徽章，并赠予所有幸存的布莱切利庄园老兵。

阿萨·布里格斯在他的回忆录中记录了布莱切利庄园最后的日子，其间广岛原子弹爆炸的消息给他带来了冲击。

> 我们中的许多人在这些奇怪的日子之前就已经离开了英国。当时，解脱与惊恐交织在一起。到 8 月底（1945 年），工作人员总数从 8900 人减少到 5500 人，而在对日战争胜利日之后的一个月，特拉维斯中校宣布政府密码学校不再运作。1946 年春天，布莱切利庄园的最后一人，芭芭拉·阿伯内西（Barbara Abernethy），关闭了这个地方，锁上了小屋和大门……

布莱切利庄园关闭了。那些继续在政府通信总部从事秘密行动的人曾是为一个并不正式存在的组织工作。《官方保密法》的封条不仅约束了留在政府通信总部的人，还有那些曾在布莱切利庄园及其外围基地工作过的所有人，使他们始终保持沉默。那些成员们的成就，那些胜利和绝望的时刻，都将是永远的秘密。

第十章

明令禁止，无心泄密

Official Secrets, Careless Talk

在战争年代，为布莱切利庄园保守秘密的极端重要性被灌输给了数千名政府密码学校的成员。无论扮演的角色多么微不足道，距离情报决策有多遥远，抑或对密码破译有多无知，流程都是一样的。一些权威人士会就保密的重要性发表讲话，早期是阿拉斯泰尔·丹尼斯顿本人，后来则是某位军官或神秘的教授之一。从 1942 年起，新兵必须签署《官方保密法》。布莱切利庄园的老兵们都是这样回想起这种入职培训的："我的记忆是：永远不要和任何人谈论你所做的事情，即使是同事间，如果故意这样做了，就可能会被枪毙！"[1]不能保持沉默将带来的极端后果响彻老兵们的回忆。

这里的逻辑有点奇怪，因为无论是否实际签署，都会受到《官方保密法》的约束。"我被提请注意1911年和1920年《官方保密法》第2（1）、（1a）、（2）和 8（2）条的规定，这些规定列举如下，我了解这些条款的效力以及任何违反规定的行为可能带来的严重后果。"[2]整个程序是一种仪式，很少有人会忘记，也没有人胆敢违抗。此外，还必须签署一份名为"安保"（SECRECY）的文件。它有一个由五条命令组成的清单，每条命令都以"不要谈论"（DO NOT TALK）开头，还有一些关于被问到工作内容时该如何应对的实用指南。文件的最后写道："在此承诺，我的任何一句话，无论多么微不足道，都不会背叛我所肩负的重大信任。"

高级工作人员必须不时地发出提醒。布莱切利庄园的工作人员被告知，将相机带入"禁地"是违反《官方保密法》的。1944 年 9 月，奈杰尔·德·格雷广发通告，提到"一名本站成员"的故事：她"在一次日常聊天的时候"，告诉了自己的朋友"她的工作到底是做什么的"，而这位朋友又告诉了另一位朋友，后者将消息传回了布莱切利庄园。那名

1　罗赞·科尔切斯特，引自泰莎·邓禄普《布莱切利的女孩》（*The Bletchley Girls*），第 102 页。

2　《官方保密法声明》，载于政府密码学校档案，藏于英国国家档案馆。

泄密的工作人员被立即解雇了。这么大的机构里，难免会有安保方面的失误。1942 年 5 月，特拉维斯中校在一份备忘录中实施了“零容忍”，其中包含以下内容：

> 有一次，本组织的一名负责成员在她的家庭圈子里披露了工作的性质，毫无疑问，她认为秘密在那里是安全的，但也同时公然违反了《官方保密法》的规定。这些她在家庭圈子里说的话，被其中一人在一家背景复杂的公司中重述了一遍——实际上是在一个鸡尾酒会上，然后她才向我正式报告了此事……
>
> 你们自己也会觉得，对那些可能危及我们成员生命的人来说，什么样的惩罚都不算太过严厉，我必须坚持要求你们把这个安全问题放在心上，并希望我不会再让你们受到这种警告的羞辱了。

在特拉维斯引用的案例中，检察长已经介入，诉讼马上要打响，只是受到“C”本人的干预而被阻止。这个人的命运没有得到披露，特拉维斯的记述中仅提到她被“适当地处理了”。这是特拉维斯手下的布莱切利庄园，他对有时不守规矩的破译员采取了一种更严厉、更有纪律的手段。阿拉斯泰尔·丹尼斯顿的做法则有着典型的柔和风格：

> **不谨慎的谈话**
>
> 关于我在 1942 年 1 月 7 日就停职两名工作人员的备忘录，该命令现在已经取消，这两名女孩已经回到了岗位。……应再次警告各科室的所有成员，避免在其分管领导或任何其他人面前谈论工作。

值得注意的是，所有这些“不谨慎的谈话”的例子似乎都围绕着女性。但女性不太可能比男性更愿聊起他们的秘密工作，而且很明显，绝大多数男女工作人员都努力地、甚至执着地遵守着他们的沉默誓言。这些故事中涉及的女性可能是被挑出来报道的，因为人们认为她们就不应该说话，而夸夸其谈的男性，虽然同样应该更守规矩点，却很可能被认为是有权说这些。

1945 年 5 月，欧洲胜利日之后，当布莱切利庄园将破译员和其他人员送回平民生活时，特拉维斯提醒大家，保密的义务不仅是在敌对行动期间，而是终身的。“现在向我们的朋友和家人‘坦白’我们的工作内容是一个非常真实和自然的诱惑，但绝对要抵制住。”1945 年 8 月 27 日，《布莱切利地区公报》满怀希望地写信给布莱切利庄园的行政主管，询问“是否有可能在我们的专栏中刊登一篇关于布莱切利庄园的报道”，但得到的答复是：“要知道，我们所遵守的《国防条例》和《官方保密法》仍然完全有效，不可能忽视它们。”

少数享有特权的人被安排从事官方历史编纂。这类史书有很多。其中包括从 1914 年起，就目睹一切的弗兰克·伯奇所撰写的英国情报局的官方历史；还有小屋 3 号、6 号和 8 号的官方历史，15 卷的海军情报局史（伯奇再次在起草中发挥了重要作用），19 卷的陆军和空军情报局史，以及同样长达数卷的、由奈杰尔·德·格雷撰写的盟国情报局政策和组织评估。但这些著作中没有一本是供公众阅读的。

间谍和谎言

也许对布莱切利庄园的大多数人员来说，保持沉默义务不成问题。对许多人而言，这只不过是一项工作，也没有什么值得谈论的话题。有些人则很难向家里解释他们在战争中所做的工作，这可能会制造一些尴尬。露丝・伯恩（Ruth Bourne）曾负责炸弹机的操作，她的母亲总是追问她战时工作的细节。"母亲说我已经变得那么习惯不和任何人说话。是的，我想。如果我说出来，五分钟后就能传遍整个伯明翰了。"于是，她的母亲一直被蒙在鼓里。破译员们在日后提到，他们甚至过了很多年都无法向父母解释，自己在战争期间究竟从事了什么。琼・格洛韦尔是个典型。"两边的亲人——我的父母和我丈夫的家人——都在毫不知情的情况下离世了，这让我感到难过。"她在2018年说，"我永远无法告诉母亲任何事情。"甚至有丈夫或妻子，在得知他们伴侣的秘密前逝去，而当这个秘密变得广为人知时，本该庆祝的时刻只能留下永久的空白。也发生了一些怪事：琼・昂温（Joan Unwin）与她的丈夫约翰（John）直到结婚30年后，才发现彼此在战争期间都曾驻扎在布莱切利庄园。

另一方面，布莱切利庄园的一名前工作人员不仅说出了这个秘密，还在后来的生活中大肆宣扬。他就是约翰・凯恩克罗斯，或许是布莱切利庄园最臭名昭著的成员。凯恩克罗斯在白厅和外交部都干了几年，并担任内阁部长汉基勋爵的私人秘书，他的语言能力让他从1942年开始被派往小屋3号工作了一段时间。这时，凯恩克罗斯已经进入了为苏联做间谍的剑桥大学上层毕业生的圈子。凯恩克罗斯本人声称将解密信息提供给了他的负责人；他还进一步宣称，1943年，苏联红军在库尔斯克会战中的胜利要归功于他，因为这是受益于他偷来的情报。这种说法值得怀疑，不仅仅因为战争是由士兵而不是由间谍赢得的，而且苏联会定期得到情报摘要，其中就包括从信号情报和其他来源收集到的可靠信息。而军情六处的金・菲尔比私下里会收到来自布莱切利庄园的定期产出，他能够分析这些情报并单独发送给莫斯科。凯恩克罗斯对他在布莱切利庄园日子的描述，可能只是在晚年不择手段地试图获得英国公众的关注，以弥补他误入歧途的职业生涯。

约翰·凯恩克罗斯（1913—1995）

约翰·凯恩克罗斯从来都不是做间谍的料。他是一名语言学家和文学家，而且特别聪明。他在1936年的公务员考试中获得第一名，光明的外交部前途在向他招手。然而，由于某种原因，他卷入了亲苏联的间谍圈子，其中包括盖·伯吉斯和安东尼·布朗特，他们都是在剑桥相互认识的。可能是他一直希望在势利的同行群体中受到赞扬和接纳，而作为一个苏格兰人，他似乎永远被排除在外。

苏联人很乐意让凯恩克罗斯接近决策层，无论是在外交部作为内阁部长的秘书，还是在布莱切利庄园。战后，凯恩克罗斯去了财政部，但他的苏联领导者们发现这个职位没什么用，因为他们想要的是关于原子弹的机密，而凯恩克罗斯很难接触到这些。事实上，凯恩克罗斯作为一名间谍相当不称职。一个传闻是，他曾经在一位警察面前停了车，而他的苏联接头人就坐在副驾驶座上，带着明显标记了机密的文件。凯恩克罗斯在慌乱中发动引擎，却怎么也没法再次启动汽车。

1952年，在伯吉斯逃往莫斯科后，凯恩克罗斯被抓获。他失去了工作，但从未被起诉，也许这凸显了他作为间谍的不称职之处。相反，他的才能似乎在于文学批评。他对自己在布莱切利庄园的职业生涯的自述于1997年追授出版，那是他最后一次试图获得难以捉摸的明星地位，引发了一番与间谍主题作家鲁伯特·阿拉森关于著作权的争论。凯恩克罗斯始终是一个被争议围绕的人物。

约翰·凯恩克罗斯，一位“谍中谍”。

凯恩克罗斯的自传于 1997 年出版，当时布莱切利庄园的秘密已经公开了。布莱切利庄园的曝光其实有点突然，因为英国当局完全不希望披露这一切，这很有可能迫使他们解释这个名义上不存在、却拥有巨额预算的政府通信总部机构，它还在开展那些英国政府不想让任何人知道的活动。不过到了 20 世纪 70 年代中期，布莱切利庄园的秘密已经没法再被遏制住了。

泄密

如果说战后初期，布莱切利庄园的秘密还像是一把把地往外洒豆子，到了 20 世纪 70 年代初，已经变成了一袋袋地漏。广播员马尔科姆·穆格里奇（Malcolm Muggeridge）曾在军情六处工作过，因此知情。他在 1973 年出版的自传中花了好几页的篇幅介绍这个秘密："被破解的密文确实是军情六处的主要产品，并为其大部分有效活动提供了基础……生产这种珍贵材料的机构位于布莱切利，在一个庄园里，我花了一些日子熟悉这个地方、它的工作人员、产出内容和工作方式。"穆格里奇并不孤单。其他在布莱切利庄园工作过并于 1970 年左右接近退休的人，也想撰写回忆录。但对于公开布莱切利庄园细节的请求，政府通信总部一再拒绝。

出了英国的范围，就是另一回事了。在波兰和法国的小规模披露之后，正是古斯塔夫·贝特朗（Gustave Bertrand）决定写下关于自己面对恩尼格玛机挑战以及在 20 世纪 30—40 年代与波兰人、英国人共事的事情。他在 20 世纪 70 年代初已经是一名退休准将，在战后的法国情报部门得到升职。布莱切利庄园本身并没有被直接提及，但这个概念已经在那里了。白厅一阵骚动，大量的布莱切利庄园退伍老兵撰写回忆录，批评贝特朗的书——虽然一本印刷量有限的法语书并没有在英国真正引起轰动，至少现在还没有。然而，历史学家们正在研究这个问题。从编码信号中收集秘密情报的故事太刺激，实在不容错过。

恩尼格玛机的披露（1945—1979 年）	
1945	美国《时代》（*Time*）和《生活》（*Life*）杂志的文章披露，盟军在战争期间破解了德国和日本的密码。
1967	波兰历史学家弗拉迪斯拉夫·科扎楚克（Władysław Kozaczuk）透露，波兰的破译者在“二战”前就已经破译了恩尼格玛机——不过这是在波兰用波兰语公布的。
1969–1973	马尔科姆·穆格里奇（Malcolm Muggeridge）在书评和传记著作中的一小段话说，英国人在布莱切利庄园破译了密码——但他主要写的是在草坪上打圆球，而不是恩尼格玛机。
1972	古斯塔夫·贝特朗的《恩尼格玛》（*Enigma*）一书在西方国家正式讲述了恩尼格玛机的故事——虽然没有提及布莱切利庄园。
1974	F. W. 温特博瑟姆的《至高机密》（*The Ultra Secret*），将布莱切利庄园的故事公之于众。
1979	官方历史《第二次世界大战中的英国情报》（*British Intelligence in the Second World War*）第一卷出版。

真相迟早会从这个高压保密罐中泄露出来，而在 1974 年，盖子直接炸开了。英国的“国防机密通知委员会”（D-Notice Committee，该委员会负责以国家安全为由向媒体发出官方“要求”，使其不得发表某些内容）得到消息，一位英国记者将在美国出版一本新书，该书会揭示第二次世界大战中最隐蔽的秘密。而由于是在美国出版，任何“国防机密通知委员会”都无法阻止它。唯一的办法是抢先公布一些经过拣选和授权、（如果幸运的话）能转移视线的故事。

弗雷德里克·温特博瑟姆（Frederick Winterbotham）大尉在战争期间曾任职于航空情报部门，表现出色，他不仅是个内行，而且是个专业间谍，现在已经在退休名单上。他通过适当的渠道，与“国防机密通知委员会”主席法恩希尔上将、他的前任（也是“二战”海军情报官员）丹宁上将以及政府通信总部负责人约瑟夫·胡珀爵士（他本人是布莱切利庄园航空科的老兵）讨论他的提议。到 1974 年，法恩希尔给了一个谨慎的、不置可否的评论，于是温特博瑟姆的出版商继续跟进。这本名为《至高机密》的书因此成为半官方的故事，它的销量超过 400 万册。书中充满了耸人听闻的细节。其中大部分并不准确，因为温特博瑟姆主要是凭记忆写的，没有接触到官方记录，也没有关于布莱切利庄园许多部门的详细技术知识。这是一起令人窒息的披露，而且完全没有起到转移注意力的效果，尽管温特博瑟姆只是着墨于布莱切利庄园情报的分配和应用上，而不是破译密码的技术问题（他本来也没有能力写这个）。

弗雷德里克·温特博瑟姆（1897—1990）

温特博瑟姆的名气来自于他的畅销书《至高机密》。20 世纪 30 年代中期，该书将布莱切利庄园的故事及其对“二战”进程的影响带到了公众面前，令人们大吃一惊。温特博瑟姆后来又写了更多关于自己生活的书，这两本书表明，比起他最知名的角色——秘密的揭露者，他还有很多面向。

在第一次世界大战中，温特博瑟姆加入了骑兵队，1916 年转入皇家飞行队。他在帕申代尔上空的一场混战中被击落，作为俘虏度过了余下的战争时间，并学会了德语。获释后，他在牛津大学学习法律，然后进入农业领域。

1929 年，他被军情六处招募到新成立的航空情报部门，在 20 世纪 30 年代的大部分时间里，他在德国假装成纳粹的同情者，同时调查飞机技术和资源的最新发展。他帮助开创了高空摄影侦察，并于1940年加入布莱切利庄园，成为一名空中情报官员。他在那里的主要成就，正如在《至高机密》中详细解释的那样，是建立了与战地指挥官一起接收和传递超级情报的特别联络单位系统。他被提升为集团军上尉，并获得了大英帝国司令勋章。

对大多数人来说，这已经是一份足够充实的简历了，但温特博瑟姆的声誉依赖于《至高机密》。出版这本书的故事自身就是一出戏。它还在不断再版，因为它包含了许多故事，不仅建立了布莱切利庄园的声誉，还埋下了许多持久的神话和幻想，而这些逸闻不知为何很难被纠正。

随着信息的披露，人们终于可以告诉他们的亲人，在英国需要他们的时候，他们不是完全没用的。计算机历史学家布莱恩·兰德尔（Brian Randell）于1975年11月27日写信给艾伦·图灵的母亲——她当时已经94岁了——说："政府最近正式发布了一项信息，其中明确承认了您儿子工作的重要性……近期出版的一本书中……称您的儿子是参与破解德国最重要密码之一恩尼格玛机密码的主要人员，从而指出他的工作对第二次世界大战的结果至关重要。"

闸门打开后，英国广播公司（BBC）播出了关于"秘密战争"的系列电视节目，德国的解密文件也被放入国家档案馆。曾驻扎在斯坦摩尔的皇家海军女子服务队成员珍妮·康杜特（Jenny Conduit）解释道，"当F. W. 温特博瑟姆的《至高机密》一书于1974年出版，让这个故事在电视和报纸上炸开后，我发现自己好几天都在喋喋不休地谈论它。所有这些我本以为会带进坟墓的知识，都像泡泡一样涌了出来。"就英国当局而言，这是一个问题。密码破译员们想要喋喋不休地谈论，而"冒泡"

也是每个人都经历过的症状，不仅仅是前皇家海军女子服务队队员。到1978年，有太多人想写回忆录，以至于构成了一项议会提案，外交大臣对此做出了回应：

> 欧文博士……提供了以下信息：可以理解的是，向国家档案局公布恩尼格玛机或“至高（机密）”的记录，使那些研究或使用这些材料的人，以及那些当时一直保持缄默的人，对于自己现在的处境产生了疑问。他们现在在有限的范围内得到免责，可以披露他们从事或使用基于截获的敌方武装力量信息的材料的事实……其他信息不得披露……正如首相在11月30日告诉尊敬的梅尔顿代表（莱瑟姆先生）的那样，编写一部第二次世界大战官方情报史的工作进展顺利。

也许官方历史能回答一些问题，但人们在布莱切利庄园究竟做了什么，似乎仍然是禁忌，尽管战争已经结束30多年了。

戈登·韦尔什曼的故事

官方历史的第一卷于1979年问世。其主编是F. H. 欣斯利教授，他本人是布莱切利庄园的老兵，后来是剑桥大学圣约翰学院的院长。在接下来的几年里，还有五卷（算上第三卷的第一和第二部分，每卷都是厚厚的一大本），其中有着大量的细节。但尽管作者广泛地借鉴了布莱切利庄园的产物，关于密码破译的技术信息很少。许多原始材料仍是机密。这肯定妨碍了作者，因为第一卷包含了一些严重的错误，尤其是对恩尼格玛机背景故事和波兰破译者贡献的荒谬误述。

哈里·欣斯利（1918—1998）

哈里·欣斯利出身贫寒，在剑桥大学读历史。战争爆发时，他还是个大三本科生，却被传唤参加阿拉斯泰尔·丹尼斯顿的惯例面试，并很快来到小屋4号做通信分析。1940年6月，当英国人从挪威撤退时，欣斯利向海军部指出，德国巡洋舰“格奈森瑙”号和“沙恩霍斯特”号正在前往拦截英国船只，却被忽略了。鉴于欣斯利当时只有21岁，收到这个反应并不出人意料。但他是对的，英国航空母舰“光荣”号果然于6月8日被击沉。此后，他的推论变得更有分量。一段时间后，本土舰队再次询问情报来源时，只需要得到一个词“欣斯利”就够了。

欣斯利与来自牛津大学萨默维尔学院的希拉里·布雷特·史密斯结婚了，她在小屋8号工作。战后，欣斯利获得了大英帝国官佐勋章，开始了作为历史学家和国际关系学者的杰出职业生涯。他因其标志性的户外装备而在剑桥闻名：三件套西装、塑料长袍和黑色贝雷帽，在所有季节，甚至最热的夏天里都穿着。从1979年到1990年，他的多卷本官方历史《第二次世界大战中的英国情报》分批出版（更不用说在主系列出版后发行的节选本和不断更新的增订本），至今仍是该主题的重要参考书。欣斯利于1985年被授予骑士称号。

如果知道了欧文博士的声明的话，布莱切利庄园的前破译员们感到相当困惑是可以理解的。很难说弗雷德里克·温特博瑟姆坚持了只承认“我是亲历者”的原则，他披露的远远不止自己的故事。他非常详细地解释了为传播“至高（机密）”情报而建立的特别联络单位，提供了在布莱切利庄园破译恩尼格玛机的工作细节等。其他回忆录和历史也有类似的内容，不过可能大部分都集中在布莱切利庄园里的人物，以及根据所提供的情报所取得的成就，而不是炸弹机等的技术特点。一个例外是戈登·韦尔什曼的回忆录，他急于阐述炸弹机的惊人成就。韦尔什曼当时 75 岁，居住在美国，随着恩尼格玛机被废弃，他认为自己可以自由地在一本名为《小屋 6 号的故事》（*The Hut Six Story*）的书中进行解释了。韦尔什曼后来回忆说：

> 我似乎肩负着一个非常特殊的责任，因为我是唯一对密码学史上这个非常有说服力的事件有内部了解的人……但在 1982 年 4 月，当这本书刚刚出版时，麻烦就开始了。我被特勤人员问话，因为我被指控披露了有关战时密码分析的信息，这些信息在英国仍被视为机密……我的安全证件也被拿走了……因此，在小屋 6 号取得首次成功的 42 年后……我突然发现自己被打上了安全风险的烙印。

如果说失去（美国）安全许可是一个打击，那么英国人还要在戈登·韦尔什曼的伤口上撒盐。1985 年 7 月，韦尔什曼再次登报，这次他提出了恩尼格玛机故事的更正版本，以反驳官方历史中的错误。他的文章得到了“国防机密通知委员会”的批准，但这似乎并不重要。同月，政府通信总部的负责人彼得·马利奇爵士写了一份严厉的报告，措辞就像韦尔什曼是一个犯错的六年级学生一样。报告称：“我们不期望外人在他们发表的文章中表现出任何巨大的责任感，但你也许能够理解，当重要的前同事做出让我们失望的决定时，将给我们造成痛苦的打击，对其他人也是一个灾难性的例子。”

这件事的荒谬性——尤其是在政府通信总部的存在如今被公开承认的情况下——并没有被忽视。斯图亚特·米尔纳-巴里爵士（见第四章）反击道："假设我们在第一台电子计算机诞生前必须进行的战斗（这对现在的密码学家来说一定像用弓箭战斗）可能与现在的安全问题有关，是十分荒唐的。" 1985 年是戈登·韦尔什曼生命的最后一年，以这种令人痛苦的方式度过，而非作为布莱切利庄园的天才之一受到尊敬，着实是场悲剧。

如今，政府通信总部已经走出阴影，大量的材料（并非都是溢美之词）公开到了国家档案馆，布莱切利庄园的成就也恰当地获得当局和整个国家的肯定。作为 2019 年百年纪念活动的一部分，政府通信总部宣布计划为布莱切利庄园编写新的官方历史，并将"尽可能多的历史性原文件交付国家档案馆，同时继续执行我们过去的秘密文件发布计划"。因此，可能会发现更多的秘密，也将有更多关于布莱切利庄园密码破译者的信息等待探究。

延伸阅读

布莱切利庄园的前身与后继

1. 保罗·甘农，《40 号房间的内幕》/ *Inside Room 40* by Paul Gannon (Ian Allan Publishing, 2010)。

2. 理查德·J. 阿德里奇，《政府通信总部》/ *GCHQ* by Richard J Aldrich (HarperCollins, 2010)。

3. 约翰·费利斯，《恩尼格玛机的幕后：英国秘密网络情报机构——官方授权的政府通信总部史》/ *Behind the Enigma: The Authorised History of GCHQ, Britain's Secret Cyber Intelligence Agency* by John Ferris (Bloomsbury, 2020)。

布莱切利庄园与它的成员

1. 迈克尔·史密斯，《X 电台的机密》/ *The Secrets of Station X* by Michael Smith (Biteback Publishing, 2011)。

2. 玛丽昂·希尔，《布莱切利庄园的成员》/ *Bletchley Park People* by Marion

Hill (The History Press, 2004)。

3. 泰莎・邓禄普，《布莱切利的女孩》/ *The Bletchley Girls* by Tessa Dunlop (Hodder & Stoughton, 2015)。

4. 麦凯・辛克莱，《布莱切利庄园的秘密生活》/ *The Secret Life of Bletchley Park* by Sinclair McKay (Aurum Press, 2010)。

5. 托马斯・帕里什，《美国之“至高（机密）”》/ *The Ultra Americans* by Thomas Parrish (Stein & Day, 1986)。

恩尼格玛机与巨像

1. 德莫特・图灵，《X，Y 和 Z：恩尼格玛机是如何被破解的》/ *X, Y and Z–the real story of how Enigma was broken* by Dermot Turing (The History Press, 2018)。

2. 戈登・韦尔什曼，《小屋 6 号的故事》/ *The Hut Six Story* by Gordon Welchman (M & M Baldwin, 2011)。

3. 杰克・科普兰，《巨像：布莱切利庄园解码计算机的秘密》/ *Colossus–the secrets of Bletchley Park's codebreaking computers* by B. Jack Copeland (Oxford University Press, 2006)。

传记

1. 德莫特・图灵，《解码者：艾伦・图灵传》/ *Prof–Alan Turing decoded* by Dermot Turing (Pavilion, 2015)。

2. 梅维斯・贝蒂，《迪利：击破了恩尼格玛机的人》/ *Dilly–the man who broke Enigmas* by Mavis Batey (Biteback Publishing, 2009)。

3. 乔伊・格林伯格，《阿拉斯泰尔・丹尼斯顿：从 40 号房间到布莱切利街的解码旅程，以及政府通信总部的诞生》/ *Alastair Denniston: Code-breaking from Room 40 to Berkeley Street and the birth of GCHQ* by Joel Greenberg (Frontline

Books, 2017)。

4. 克里斯·史密斯，《最后的剑桥间谍：约翰·凯恩克罗斯，布莱切利的密码破译员与苏联的双面间谍》/ *The Last Cambridge Spy–John Cairncross, Bletchley Codebreaker and Soviet Double–agent* by Chris Smith (The History Press, 2019)。

人名和术语对照表

Abernethy, Barbara，芭芭拉·阿伯内西

Abrahams, Brenda，布伦达·亚伯拉罕斯

Abwehr Enigma，（纳粹德国）军事情报局恩尼格玛机

Acason, Gwen，格温·阿卡森

Adcock, Frank，弗兰克·阿德科克

Aitken, James Macrae，詹姆斯·麦克雷·艾特肯

Alexander, Hugh，休·亚历山大

Alice in ID25，25 号情报部的爱丽丝

All–Russian Cooperative Society (Arcos)，全俄合作协会（阿尔克斯）

Allason, Rupert，鲁伯特·阿拉森

Arlington Hall，阿灵顿厅

Astor, Lady，阿斯特夫人（南茜·阿斯特）

Bailey, Mrs，贝利夫人

Balfour, Arthur，阿瑟·贝尔福

Batey, Keith，基思·贝蒂

Beatty, Admiral，海军元帅贝蒂（戴维·贝蒂）

Costelloe, Ray，蕾・科斯特洛

Cross, Phyllida，菲莉达・克罗斯

Cunningham, Admiral，坎宁安元帅

Currier, Prescott，普利斯科特・库里尔

Dale, Madge，玛奇・戴尔

Davies, Gwen，格温・戴维斯

de Grey, Nigel，奈杰尔・德・格雷

de Grey, Roger，罗杰・德・格雷

de Lisle, Leconte，勒贡特・德・李勒

Denning, Admiral，海军中将丹宁

Denniston, Alastair，阿拉斯泰尔・丹尼斯顿

Denniston, Dorothy，多萝西・丹尼斯顿

Desch, Joseph R.，约瑟夫・R. 德施

Du Boisson, Dorothy，多萝西・杜博森

Eachus, Joseph J.，约瑟夫・J. 埃斯库斯

Eason, Sydney，悉妮・伊森

Ede, F. M.，F. M. 伊德

Elizabeth I, Queen，伊丽莎白一世女王

Ely, Robert B.，罗伯特・B. 埃利

Ericsson, Peter，彼得・埃里克森

Erskine, Ralph，拉尔夫・厄斯金

Ettinghausen, Walter，瓦尔特・艾廷豪森

Evans, Winifred，威妮弗雷德・埃文斯

Ewing, Alfred，阿尔弗雷德・尤因

Fairlie, Alison，艾莉森・费尔利

Farnhill, Admiral，海军少将法恩希尔

Flowers, Tommy，汤米・弗劳尔斯

Freeborn, Frederic，弗雷德里克・弗里伯恩

Norland, Selmer S.，塞尔默・诺兰德

Norman, Frederick，弗雷德里克・诺曼

Norton, Sally，萨莉・诺顿

Nugent, Miss，纽金特女士

O'Conner, Miss，奥康纳女士

Oeser, Oscar，奥斯卡・欧瑟

Oliver, Henry，亨利・奥利弗

Owen, David，大卫・欧文

Page, Gwendoline，格温德琳・佩奇

Palluth, Antoni，安东尼・帕卢斯

Parrish, Thomas，托马斯・帕里什

Pearl Harbor，珍珠港

Pease, Anne，安妮・皮斯

Phelippes, Thomas，托马斯・菲利佩斯

Philby, Kim，金・菲尔比

Plumb, J. H.，J. H. 普拉姆

Polish quartet，波兰四人组

Radley, W. G.，W. G. 拉德利

Randell, Brian，布莱恩・兰德尔

Rejewski, Marian，马里安・雷耶夫斯基

Revell, Guy，盖・雷维尔

Ridley, William，威廉・里德利

Rimington, Stella，斯特拉・里明顿

Rintelen, Captain von，冯・林特伦上尉

Roberts, Jerry，杰里・罗伯茨

Rock, Margaret，玛格丽特・罗克

Roddam, Olive，奥利芙・罗丹

Room 40，40 号房间

Thirsk, Jimmy，吉米·瑟斯克

Thomas, Dylan，托马斯·狄兰

TICOM，目标情报委员会

Tiltman, John，约翰·提尔特曼

Tizard, Henry，亨利·蒂泽德

Tolkein, J. R. R.，J. R. R. 托尔金

Travis, Edward，爱德华·特拉维斯

Tribe, Miss，特赖布女士

Turing, Alan，艾伦·图灵

Turing, Dermot，德莫特·图灵

Turing, John，约翰·图灵

Tutte, Bill，比尔·图特

Twinn, Peter，彼得·特温

Twinn, Rosamund，罗莎蒙德·特温

Ultra Americans, The (Parrish)，《美国之“至高（机密）”》（帕里什）

Ultra: I was there (Gores)，《“至高（机密）”情报：亲自看见》（戈尔斯）

Ultra Secret, The (Winterbotham)，《至高机密》（温特博瑟姆）

Vincent, E. R. P.，E. R. P. 文森特

Vlasto, Alexis，亚历克西斯·弗拉斯托

Voynich Manuscript，《伏尼契手稿》

Walsingham, Sir Francis，弗朗西斯·沃尔辛厄姆爵士

Watkins, Vernon，弗农·沃特金斯

Webster, Tom，汤姆·韦伯斯特

Weeks, Robert，罗伯特·威克斯

Wehrmacht Enigma，纳粹德国国防军恩尼格玛机

Welchman, Gordon，戈登·韦尔什曼

Welsford, Rhoda，罗达·韦尔斯福德

Whelan, Norman，诺曼·惠兰

THE CODEBREAKERS OF BLETCHLEY PARK

Dermot Turing